歴史に学ぶ
成功の本質

童門冬二

まえがき

いまのＩＴ時代に生きて、生きる方法のすべてが〝情報による〟ということは、誰もが心得ている。しかし、この情報は生きものだ。生命があり、意志がある。

ということは、妙な言葉を使えば、

「情報も、自分を必要とする相手を選ぶ」

ということであり、それはまた妙な表現をすれば、

「情報にも、近づきたい相手と、近づきたくない相手がいる」

ということだ。

なぜこれほど〝情報〟にこだわるか、といえば、現在は個人生活も企業経営もすべて「先見力」を欠くことができないからだ。先見力（先を読む）をもつためには、情報は不可欠だ。

しかし情報にも正しいものと正しくないものがある。正しい情報をあつめ、正しい先見力をもつためには、まず正しい情報に慕われる人格を培わなければ

ならない。

先見力は決してご大層なものではない。鍋島直茂（佐賀藩の家祖）がいっている。

「先見力は日々のこまかい情報の積み重ねによって得られる」。

時代に勝ち残る者と敗れ去る者との分かれ目は、この心構え次第になる。この本は、歴史から両者の分析を試みた事例（ケース・スタディ）集だ。ご参考になれば嬉しい。

二〇一六年七月

童門冬二

もくじ／歴史に学ぶ成功の本質

4章　組織を活性化させるノウハウ　79

6章　乱世の人材育成法　133

7章 組織の存亡がかかるあとつぎ対策

8章　飛躍の契機となった運命的出会い　193

イラスト・山口三男

1章

状況を切り開く先見力

諫奏《かんそう》して死地に赴いた楠木正成

無能な上層部につぶされた先見力

尊氏はなぜ強いのか

楠木正成は、徳川光圀《みつくに》(水戸黄門)が編纂した『大日本史』によって再評価された南朝の大忠臣だ。かれは、後醍醐天皇のために湊川で足利尊氏の大軍と戦って死ぬ。しかし、この出撃の直前に、後醍醐天皇に対し有名な諫奏を行った。それは、

「むかしは、南朝のために兵を募ればたちどころにたくさんの軍勢が集まりました。しかし、今度はそうはいきません。というのは、南朝の聖徳がどんどんなくなっているからだと思います。この際、思いきって南朝から新田義貞を追放し、足利尊氏を迎えるべきだと思います」

というものだった。

後醍醐天皇は静かに耳を傾けた。しかし、間にいる公家連中はいきり立った。

「土豪の分際でなにをいうか！」「おまえは臆病風に吹かれたのか？」などと罵った。

楠木正成は、そういう罵りを受けて、

(こんなことではもうダメだ)

と諦め、勇気をふるって湊川に出陣していった。しかし、雲霞のごとく押し寄せる足利尊氏の大軍の前にはどうかないようもなく、ついに壮烈な戦死を遂げてしまった。この楠木正成の諫奏には、優れた先見力がある。

足利尊氏は、一時、占領していた京都から追落とされた。ところがその尊氏は、半年も経たないうちに数十万の大軍を率いて都に攻め上ってきた。落ちた先の九州や中国地方や山陽道に、彼に味方する地方武士がたくさんいたからである。正成はこの事実を恐ろしいと思った。そして感じたことは、

「足利尊氏は、地方武士の心をよく捉えている」

ということであった。

部下の意見をつぶすミドル層

尊氏が地方武士の心をよく捉えているというのは、その頃地方武士の唯一の欲望であった「土地」に対する執念を、尊氏がよくつかみ、代弁していたことである。河内（大阪府）の地域土豪であったために、クモの巣のような情報ネットを持っていた。ここでひっかかる情報を分析すれば、いま生きている人々がなにを考えているかが全部手にとるようにわかった。

地方武士の唯一のニーズは、あげて自分の所有地をふやすことだった。それを建武新政府は逆に地方武士から土地をどんどん取り上げた。そして好き勝手に分けあった。ここに大きな不満が起こり、建武朝廷はゆらぎにゆらいだのである（そこへいくと、足利尊氏は地方武士のこういうニーズをきちんと捉え、それを実現しようとしている）。

おそらく尊氏がいま狙っているのは、こういう地方武士を土台とし背景として、「武士の、武士による、武士のための政府」をつくりだそうということだ。そして、その頂点に尊氏が立とうということだろう。

楠木正成は、「そうさせてはならない」と思っていた。

そうさせないためには、尊氏をむしろ南朝にひきずりこんで、かれに地方武士の代弁をさせながら、南朝も謙虚に地方武士のニーズを受け入れていくこと以外ないと思ったのである。

しかし、楠木正成のこの諫奏は受け入れられなかった。つまり後醍醐天皇の率いる南朝側には先見力が欠けていた。ということは、単に情報が足りないだけではなく、「下の意見をよく聞く」という姿勢も欠けていたことになる。とくに、天皇と正成の間に存在した公家連中が、厚い壁になった。

楠木正成の悲劇はいろいろなことを考えさせる。つまり、先見力があっても権力がなければそれは実現されないということと、また自分の耳に痛い意見は、えてして上層部がききたがらないということ、しかしそういう連中をいきがかり上どうにもできないトップの統治能力の問題など、現在の組織にも通じるようなテーマがふんだんに揃っている。

激変する時代に対応した淀屋常庵

先見性を支える卓越した情報処理能力

情報処理のプロセス

現在も、いつ何が起こるかわからない時代になっているし、また同時にいつ何が起こっても不思議ではないという気持ちが、多くの人の胸に湧いている。つまり予測がつかないことが次々と起こる。そういう時に、経営者として、

「どう対応していくか」

ということは大きな問題だ。もちろんさま変わりによって客のニーズが変わる。それを素早くキャッチして、企業体の体質を変えていくことも必要だが、その根本になるのはやはり「経営方針」の前提になる「経営理念」だ。すなわち、

「何を提供して、この社会に対応していくか」

あるいは、

「何を提供して、生き抜いていくか」

ということである。そういう時に、やはり大切なのは「情報」である。この情報の処理については、よく次のようなことがいわれる。

●情報を集める。
●集めた情報を、正しい情報と正しくない情報、あるいは役立つ情報と役立たない情報に分ける。
●残した情報の中に含まれている問題点を取り出して、よく考える。
●考えた結果、選択肢をいくつか用意する。
●その選択肢の中から、自分が「これでいこう」と決めるものを選び出す。
●選び出した選択肢を実行する。
●実行した結果を評定する。

こんなプロセスを辿る。言葉を変えれば、

●情報の収集。

●情報の分析。
●情報に対する判断。
●問題点に対する考察。
●複数の選択肢を用意する。
●選択肢に対して決断を下す。
●行動。
●評価。
ということになる。

さま変わりする戦国の世からニーズを探り出す

戦国末期の動乱時代から、江戸初期を生き抜いた大阪の豪商淀屋常庵《よどやじょうあん》はまさしくこのプロセスを踏んだ商人であった。かれは、京都西部に拠点を持つ武士だった。しかし、家は織田信長に滅ぼされた。この時かれは、

「武士を捨てて、商人になろう」

と考えた。しかし、商人になるといってもいままで武士だったのだから、すぐさま切り

換えることはできない。
●何を商売にするのか。
●それには、どの層を客として選ぶのか。
この二つを決めなければならない。常庵は京都を出て淀に店を構えた。この頃のかれは、

「これからの日本はどう変わっていくのか」

ということに大きな関心を持っていた。そして、

「さま変わりする日本社会の中から、ニーズを探り出し対象となる客を決めていこう」

と考えた。かれは前身が武士であり、同時に織田信長という天下人によって自分の家が滅されたことを痛く身にしみて考えていた。そのため、

「日本の社会を左右するのは天下人だ」

と感じていた。つまり、天下人の政策や方針が、自分たちの住む世の中を変え、支配していくと考えていたのである。この点、多くの人間が認識していたように、

「まだまだ大名同士の争いが続く」

という状況認識からは、はるかに一歩抜き出ていたといっていい。

秀吉政権の短命を見抜く

織田信長が死んで次の天下人が豊臣秀吉になると、常庵は積極的に秀吉に接近していった。しかしかれは、秀吉の行動を見ていて、

（この人は長続きしない）

と感じた。それは秀吉が、年をとるにしたがって「公と私」を混同し始めたからである。晩年になって生まれた幼い秀頼に家を譲りたくて、天下を動かす方針がその方向に流れていた。

（秀吉さまは自分のことばかり考えていて、国民のことを考えていない。これでは、長続きするはずがない）

と感じた。淀屋常庵は、秀吉のために伏見城に関する工事を行ったことがある。それは、伏見城の前に大きな石が座っていて動かない。秀吉は、

「だれかこの石をどかせ」

と命じた。多くの建設業者が入札した。落札したのは常庵であった。最も安い値で落したからである。みんな笑った。

「あんな安い価格で落札しても、石をどかせるはずがない。工事費が常庵の落札した額の

数倍もかかるはずだ」

といった。ところが常庵は、普通の工事方法をとらなかった。かれは石の前に大きな穴を掘った。そして労働者を動員すると、石に綱をつけて引っ張らせ、大きな石を穴の中に落してしまった。そして土を被せて道を元通りにした。みんなアッと驚いた。秀吉も感心した。

そこで秀吉は、常庵に改めて淀川筋の堤防工事を命じた。この時も常庵は堤防に生えていた松の木を全部切り払い、見晴しがよくなるようにした。そしてたった一本残した松の木の上に台をつくり、その台の上に乗って指揮を執った。これにはさすがの秀吉も、

「まるでおまえは、合戦における大将のようだ」

と感嘆した。ところがその秀吉もまもなく死んだ。天下は徳川家康のものになった。

情報処理の結果、徳川の天下に商機を見出す

将軍のポストを、徳川家の世襲制にした家康は、豊臣家を滅す戦争を起こした。大坂の陣である。この時、淀屋常庵はすでに、

「これからの天下は、徳川さまのものだ」

と感じ取り、自分から積極的に家康に接近していった。

大坂城を落した徳川家康は、有名な〝元和偃武《げんなえんぶ》〟という宣言を発した。元和というのはこの時の年号であり、偃武というのは、

「武器を倉庫にしまって鍵をかけ、二度と出さない」

ということである。言葉を変えれば、家康は、

「日本国内では、二度と戦争を起こさない」

と宣言したのである。平和宣言だ。

この宣言をきいた時、淀屋常庵ははじめて、

「これからは落ち着いた商売ができる。日本の社会も安定するはずだ」

と考えた。そして、

「安定した社会では、人々は一体何を求めるだろうか」

と腕を組んだ。つまりこの時の常庵は、徳川家康の平和宣言を大きな〝情報〟として捉えたのである。そこでこの大きな情報を、分析・判断・考察・選択肢の設定・決断・行動というプロセスにしたがって扱いはじめた。

まず価格安定に意欲をもやす

常庵が考えたのは、

「平和な安定社会で、人間がすぐ欲しがる物は何だろうか」

ということである。当然、

「衣・食・住だ」

と判断した。そうなると、

「その中で自分に提供できる物は何だろうか」

という次の段階に移る。かれは、

「衣類は苦手だ。自分が提供できる物は食と住だ」

と思った。そうなると次の段階は、

「食と住の中で、いちばん人のためになるのは何だろうか」

ということになる。かれはその頃、大坂の中島近辺に居を構えていた。このへん一帯は広い湿地帯であり、かれが家を構えたところも洲の島のようなところだった。周りを見渡しても、すぐ家を建てることはできない。

「この洲の地帯を整備しなければだめだ」

と思った。それには莫大な金がかかる。すぐ用意はできない。また、食の問題としては、米の相場がメチャメチャだった。長い戦乱が続いたために、米商人も悪くなっていた。新米に古米を混ぜたり、あるいは故意に米価を吊り上げたり、欲しがる人の弱みにつけ込んでいろいろな悪徳を働いていた。常庵の頭の中にひらめいたのは、

「米そのものを提供するよりも、米の価格を安定させることのほうが大事だ」

ということである。それには大きな権限が必要となる。本来はこういうことは、幕府などの支配者が行わなければいけないことだ。しかし、幕府の才覚はそこまで及んでいない。

(それなら、一層のことおれが米価を安定させよう)

と思った。しかしそれには巨大な権力者となった徳川家康の許可がいる。

米価安定は、まず合戦場の遺体処理から!?

そこで常庵はある日、徳川家康のところにいって頼み事をした。大坂の陣の時に、常庵はすでに徳川家康のために、何度もその陣屋を建設し、タダで提供していたので家康の方も常庵に好意を持っていた。

「常庵、何だ？」

「お願い事があって参りました」

「おまえには世話になった。何でもいえ」

「実はまだ大坂城の内外には、戦争で死んだ将兵たちの遺体が散乱しております。これを片付けさせていただきたいと存じますが？」

「遺体の始末をするというのか？　殊勝なやつだ。だれかそういうことをやってくれないかと気にしていたところだ。そうしてもらえれば、死んだ者も成仏することだろう。任せる。費用は？」

「いりません。わたしの奉仕で行わせていただきます」

「奉仕？　タダで遺体を処理するというのか？」

察しのいい家康は、チラリとからかいの目で常庵を見た。

(こんな仕事をタダでやるはずがない。この男は、何か考えがあるな)

と感じたのである。その通りだった。常庵は散乱した遺体の埋葬をした。遺体は戦った時のままの姿で死んでいた。常庵は、多くの働き手たちに命じ、鎧や兜や刀や槍などの武具をはずさせた。

「武具をつけてあの世にいったのでは、なかなか落ち着けまい。安楽に成仏するように、武具をはずせ」

と命じた。それは単に常庵のホトケ心からの好意ではない。常庵は遺体からはずした武具をまとめて売り払った。これで巨額の資金を得た。この報告を受けた家康は、

「常庵め」

と苦笑した。常庵は、しかしその売り払い代金を私したわけではない。献金として家康の所に持ってきた。そしてこういった。

「わたくしに、日本の米の相場を任せていただけませんか。現在の米相場はメチャメチャで、それをいいことに悪徳商人が跳梁しております。とくに、米の仲買商人が暴利をむさ

ぼっております。これをなんとかしなければ、せっかくあなたさまが元和偃武という有難い宣言をなさったにもかかわらず、世の中は相変らず乱れ続けるでございましょう。太平の有難みを知らしめるためにも、米の相場を安定させるべきだと存じます」

「……！」

家康はあきれて常庵の顔を見かえした。常庵がそこまで考えているとは思わなかったのである。家康は感心した。

（この男は儲け主義一途ではない。仕事に公共性を持たせようとしている）

いままで接したことのないタイプの商人である。家康は、

「いいところに目を付けた。任せる」

と許可を与えた。こうして淀屋常庵は、天下人から、

「日本の米の価格を設定する」

という大仕事を任された。

捨てられた情報を活用

いま経営にとって〝先見力〟が必要なことはいうまでもない。しかしこの「先を見る」

ということになると、情報の集め方も、「これからどうなるか」という一点に集中するような集め方をする。そのため、その時点で役に立たない情報は捨てられてしまう。ところが捨てられた情報の中にも案外大事なものがひそんでいることがあるのだ。

「これは役に立たない石だ」

と思って捨てたものが、実はそうではなくて宝石の原石だったりする。その時磨く労力をはぶいてしまったのだ。そして日本人の悪い癖は飽きっぽいことだ。一旦捨てたものは〝過去〟として扱い、もう一度見直すということをなかなかしない。

淀屋常庵は徳川家康から〝米の相場を建てる〟パテントをもらうと、すぐに次のことを考えた。次のことを考えるのに、自分の過去のことをふりかえってみた。常庵の過去に深いかかわりをもったのは、織田信長、豊臣秀吉、徳川家康の三人の天下人だ。信長には生家を滅ぼされ、秀吉に見出され、家康には米の相場を立てる権限をもらった。世の中は平和になった。

が、この〝平和〟という軸で三人の天下人を貫いてみると、この問題は信長の時代からつづいてきたことだ。秀吉、家康はそれを継承した。

(そうか!)

突然、常庵の頭の中にひらめくものがあった。それは、

(信長さまの事跡をもう一度ふりかえってみよう)

ということだった。

地域の性格がわかればニーズを予測できる

(織田信長という人を、単なる戦争好きだと考えてきたのはまちがいだった)

常庵が感じたのはそういうことだった。つまり、

(この国の平和を最初に考えていたのは、実は信長さまではなかったのか)

ということである。京都西方にあった生家を踏みにじったので、常庵は信長にいい感じは持っていない。しかし、いまひとりの商人としてかれのやったことを考えると、まだまだ掘り起こしていいことがたくさんある。信長は岐阜と安土に〝楽市・楽座〟をつくった。

その目的は、
●商人をしばりつけている組合システムやパテント制から解放し、商売を自由競争にする。
ということである。が、あの時、岐阜や安土に現れたことは、
●農民が農村に定住するようになったこと。

●武士は合戦のプロとして、城下町に集住するようになったこと。
●農村にあった〝市庭《いちば》〟が、城下町に移って、〝市場〟になったこと。
●城下町はせまいので、土地の有効利用をはかるため、品物の展示を立体化し、棚《たな》にならべたこと。
●その棚で売買が行われるので、〝棚〟が〝店《たな》〟と呼ばれるようになったこと。
(そういうことだ!)

常庵の頭の中で何かがパチンと割れた。何かが割れたというのは、

(商人は、自分が商売をする地域が、どういう性格のまちなのかをはっきり知ることだ)

ということだった。それによって客のニーズ(需要)がどういうものになるかを予測できる、ということであった。

そうなると、政治や行政の動向と計画が地域の性格をきめていく。とすれば政治家に密着するのがいちばんいいのか?

(そうではない)

常庵は首をふった。かれはこう思った。

(おれが大坂の性格を決定してやろう! おれが大坂なのだ!)

豪商河村瑞賢のリエンジニアリング

組織の編成と解体を自在に行う

江戸のリエンジニアリング

経済界に新しい言葉が流行っていた。〝リエンジニアリング〟というものだ。バブル経済が崩壊した後、リストラという言葉が日本の経済界を吹きまくったが、それに加えてリエンジニアリングという新しい言葉が加わったのはなぜだろうか。

リストラとリエンジニアリングとはどう違うのかということは、わたくしにはよくわからないが、リストラが経営改革の手法であるとすれば、リエンジニアリングのほうは、組織を根本的に変革するということのようだ。

違ういい方をすれば、いわゆる〝日本式経営〟における欠点を全部改めようということだ。組織における日本式経営の最大のものは、「永年雇用」と「年功序列」のシステムだ。これを変えて、「仕事の目的が発生した時にそれに見合った組織を編成する。しかし、目的が達成されたあかつきには、惜しげもなくその組織を解体する」

ということのようだ。いってみれば、日本式経営による組織がハード（固定化）なものであったのに対し、リエンジニアリングの組織改革は、ソフト（柔軟性）なものにしようということのようである。いわば、仕事の発生と消滅に対応して、組織の編成と解体を自在に行おうということである。

そんなことを江戸時代に行った人物がいる。江戸初期に豪商として名を高めた河村瑞賢《かわむらずいけん》である。

排他的なゼネコン業界に安値で参入

河村瑞賢は伊勢の出身で、江戸に出てきた。その頃江戸は建設ブームだった。瑞賢は、

「ひとかどの土木建設技術者になりたい」

と考えていた。そこで建設現場に一労務者として入った。やらされた仕事は、車に建設用の材木や石を乗せて運ぶ仕事だった。かなりつらい。いつまで経っても、自分の志がか

なえられないので、瑞賢は一度は江戸を捨てて名古屋にいこうと思った。しかし小田原まででいったときに、ひとりの老人から、

「江戸から逃げ出して名古屋にいっても、成功するはずがない。戻って挑戦しろ」

といわれた。そこで考えを変えて、改めて土木建設の仕事に打ちこんだ。

こんな話がある。その頃、徳川家の信仰の厚かった芝（東京都港区）の増上寺で、釣鐘が落ちた。これを元に戻そうということで、幕府が土木建設業者たちに工事請負の入札を行った。河村瑞賢も参加した。そして一番安い値で落札した。同業者はもちろんのこと幕府の役人も、

「そんな安い値段で本当に鐘が元へ戻せるのか？」

と疑った。この頃は、

「この工事は、このくらいの費用をかけなければ絶対に完成しない」

という、現在の入札時に設けられる〝下限額〟がない。とにかく、一番安い値で入札した者が落札するという制度だった。この頃、江戸の土木建設業者たちは幕府から指名されたいわゆる〝御用業者〟で株仲間をつくり、あらゆる幕府の仕事はこの業者たちで請け負っていたので、なかなか瑞賢のような新しい業者が参入することは難しかった。そこで瑞

賢はいろいろ策を考えた末、安い値で落札したのである。

「河村瑞賢は、いったいどんな方法で鐘を元に戻すのだろうか？」

なかばからかい半分で、同業者をはじめ多くの人たちが工事当日に、増上寺に集まってきた。

「お手並み拝見」ということだ。

土木労働者ではなく米屋を使う

芝（東京都港区）増上寺の、落ちた釣鐘を河村瑞賢が安い費用で元に戻すというので、当日は見物人がたくさん集まった。同業者たちは、

「あんな安い落札価格で鐘が元に戻るはずはない」

と笑っていた。だから、

「河村のヤツは、何が何でも幕府の仕事が取りたくて無理をしてあんな安い値段で落札したのだ」

と思っていた。待ちかねた群衆の前に、瑞賢がやってきた。瑞賢が連れている人々を見て、見物人たちは思わずアッと声を上げた。瑞賢が連れているのは、土木労働者ではなか

った。全部米屋である。米屋は一人ずつそれぞれ一俵ずつの米俵を肩に担いでいた。ワッショイワッショイと声を上げながら、乗り込んできた。

見物人たちは顔を見あわせた。

「河村瑞賢は一体何をはじめる気なのだろう?」

瑞賢は、米屋を鐘楼の周りに集めると、

「ご苦労さま、米俵を降ろしてくれ」

といった。そしてすぐ、

「土台の上に、まず米俵を一段並べてくれないか」

と頼んだ。米屋たちはいわれた通りにした。瑞賢は、

「足場を組んで、鐘をまず並べた米俵の上に乗せてくれ」と命じた。

米屋たちはいわれた通りにした。鐘は米俵の上に乗った。これを見ると瑞賢は、

「今度は反対側に、米を二段積んでくれ」

といった。米が積まれると、

「鐘をそっち側に移してくれ」

といった。米屋たちはいわれた通りにした。普段米俵を担いでいるから、こんな力仕事

はなんでもない。鐘が向こう側に移ると、瑞賢は今度はこっち側を三段にさせた。そして鐘を移す。向う側を四段にする。鐘を移す。こういう繰り返しをしているうちに、鐘はどんどん高い位置に登っていった。そして、ついに元に戻った。鐘楼の周りに集まった見物人たちは一斉に声を上げて拍手をした。

「さすが河村瑞賢だ！」

という賞賛の声が湧いた。それまでからかい半分の眼で見ていた同業者たちも、瑞賢の知恵と行動には驚いた。

異種業種の異能を開発

これはまさしく、〝発想の転換〟である。同時にまた、類いまれな「決断」の賜物でもあった。瑞賢が行ったことは、現代の言葉を使えば、

「異種業者の異能を発掘した」

ということだ。普通に考えれば、落ちた鐘を元に戻すのは普通土木労働者によって行われる。足場を組んで、鐘に綱を結びつけ、ヨイショヨイショと引き揚げていくのが普通の作業だ。しかし瑞賢はそんなことはしなかった。なぜかときけば瑞賢はこう答える。

「足場を組んで鐘を引き揚げていけば、必ず足場が崩れたり、再び鐘が落ちてきたりして働く人たちが危険にさらされる。怪我人が出る。わたしはそういう危険な仕事はしたくない。米俵なら、鐘も安心して乗っていられるし、少しずつ高くしていけば、鐘も不安の気持ちを持たない」

これにはみんな笑った。

「鐘が不安の気持ちを持たない」

といういい方がおかしかったからだ。

いってみれば瑞賢は、

「鐘の身になって考えた」

ということである。鐘の身になると、足場を組まれてヨイショヨイショと引き揚げられたのでは、鐘自身が、いつ落ちるか、いつ人間たちを押し潰すかと不安でしかたがない。米俵で、しかも一段ずつ高くなっていくのだったら、安心してその上に乗っていられる。

「なるほど、考えることが違うな」

みんなはそう話し合った。それだけではなかった。この日瑞賢は、作業に使った米俵を、再び米商人たちに払い下げた。

「値段は、わたしが買った時の七掛でいい」

といった。この知恵にもみんな呆れた。瑞賢が米俵を買った金は幕府から出ている。それを売り払ったものだから、その利益は完全に瑞賢のものになる。悪い言葉を使えば二重取りだ。しかし、きちんと道理にかなっている。これをきいた幕府首脳部が、

「瑞賢という男はなかなか頭がいい。これからは大いに活用しよう」

頭の働かせ方ひとつで、河村瑞賢は強力に組まれていたゼネコンの中に突入していったのである。

日光東照宮の修理に異才を発揮

リストラが盛んになると、どうしても投資資金が不足するので、いろいろと知恵を働かせなければならない。そのひとつに、

「手持ち資源の活用」

がある。しかし手持ち資源にも限界がある。そこで目をもっと大きく見開いて、

「自然条件の活用」

も考える必要がある。河村瑞賢はその方面での名手だった。

かれの実力を評価した徳川幕府はある時、日光東照宮の修理を命じた。多くの業者が入札したが、瑞賢が落札した。その費用がとても安いので、他の業者はもちろん幕府側も疑問を持った。

「本当にこんな値段で工事ができるのか？」

と念を押した。瑞賢は、

「だいじょうぶでございます」

と胸を叩いた。

東照宮の修復には杉の材木が多く使われる。徳川幕府は箱根に杉の御料林を持っていた。まずこの切り出しにかかる。しかし瑞賢はすぐ出かけなかった。山に雪が降り始めると、かれは突然多くの働き手を集めて山に入った。切り出した杉の木は雪の上を運ばせたので、あまり力がいらない。みんなは感心した。

しかし瑞賢は切り出した材木をそのまま日光へ運んだわけではなかった。

「谷底へ落とせ」

と命じた。みんな変な顔をしたが、いわれた通り杉材を谷底へ落とした。全部落とすと瑞賢は、

「谷の下方に堰《せき》をつくれ」

といって、木の堰をつくらせた。そして堰ができると、

「江戸へ帰ろう」

といって、雪の中をさっさと歩き出した。みんなあきれて顔を見合わせた。

「せっかく切り出した杉の木をこのままおいてきぼりにして、いいのかな？」

金がなければ自然条件を活用しろ

春がきた。

「この分では、山の雪も解けただろう」

江戸の人々はそう噂した。すると瑞賢は、

「箱根へいく」

といって、また多くの働き手を連れて箱根山に向かった。箱根の雪がどんどん解け、谷底の川は雪解けの水を激しい奔流にして海のほうへ流していた。杉材の貯木場にいくと、解けた雪の水で、堰の中はまるで暴れまわる木材の群れで今にも沸騰するばかりだった。

これを見ると瑞賢はニコリと笑った。そして、

「堰を切りなさい」

と命じた。働き手たちは今は瑞賢が何を考えているか、はっきり知っていた。

（そうだったのか！）

お互いに頷きあって、

「河村さんはすばらしい」

とささやいた。

堰を切ると、中に溜まっていた材木が一斉に流れにのって走り出した。下流に向かってどんどん流れていく。川はそのまま小田原の海に通じていた。

働き手たちは悟った。

「河村さんは雪の降る時期に材木を切り出して、われわれが木を運ぶ力が少なくてすむように工夫した。また、それを冬の間はそのままにしておいて、春になって運びにきたのは、雪が解けて川が奔流になるのを待っていたのだ。自然の力を使えば、人間の力をそれほど使わなくてすむ。それだけ費用も少なくてすむ。河村さんの才覚はすばらしい」

と感じた。

河村瑞賢のこの才覚は、江戸の増上寺の鐘が落ちた時に米俵を使って元へ戻したのと同じだ。かれはいった。

「ただいたずらに人間に仕事をさせればいいということではない。金のない時には、頭を働かせて自然の持つ条件を活用することも必要なのだ。その意味では、自然はありがたい。四季折々に、人間に対して、いろいろな力を貸してくれる。感謝すべきだ」

はるかに河口に向かって流れ去る材木の群れを眺めながら、瑞賢は心の底から箱根の山に感謝した。

季節がくれば雪を降らせ、そのまま材木を保存し、しかも春になれば天の命にしたがって雪を解かせ奔流とする自然の力には、到底人間は及ばなかったからである。

その後の河村瑞賢の仕事は、江戸から大坂へ、大坂から瀬戸内海を抜け日本海を北上して、直接東北や北海道の港に結ぶ航路を開発した。さらに、江戸から三陸を抜け青森に向かう航路も開発した。西廻り航路、東廻り航路として有名だ。

現在、このことによって大きな恩恵を受けた山形県酒田港を見下ろす丘に、河村瑞賢の銅像が建てられている。瑞賢の仕事に対する態度は、あくまでも、

「誰かさんのため、どこかのまちのため」

という公共精神が貫かれていた。

2章

危機を突破する決断力

天皇親政に向けた後醍醐天皇の決断力

死してなお京の空をにらむ凄まじい執念

後醍醐天皇の三つの悲願

後醍醐天皇の政治目的は、「天皇親政」を実現することだった。この頃、天皇親政を妨げる三つの壁があった。院政、摂政関白制、そして武家政権だ。院政というのは、隠居した天皇が、今でいえば会長として相変らず実権を振るうことだ。摂政関白制というのは、一部の重役が権力を握って、仕事をほしいままに行うことである。武家政権というのは、天皇とは別に現場の人間たちが実権を持つ組織体をつくるということだ。後醍醐天皇はこの三つを廃止するために奮闘努力した。天皇になるとすぐ、院政を廃止した。

「会長さんは、どうか会社の仕事から身を引いて、ゴルフでもやっていてください」

ということだ。摂政関白だった藤原氏一族には、

「今後、人事や財政は全部わたしが直接行う」

と宣言した。武家政権も楠木正成や足利尊氏や新田義貞たちの協力を得て、一応北条氏を滅ぼした。ところが、全国の地方武士の期待を担った足利尊氏が、天皇にそむいて再び武家政権を確立してしまった。

後醍醐天皇のターゲットは、足利尊氏の開いた武家政権すなわち室町幕府になった。

生前からおくり名を名乗る

後醍醐天皇は、生きておられた頃から「朕《ちん》は後醍醐天皇である」と名乗っていた。こういう天皇は後醍醐天皇以外ない。というのは、後醍醐というのは天皇の「諱《いみな》」である。ふつう天皇は、生きておられる頃は今上天皇という。ナニナニ天皇という名は、亡くなった後におくられる。それを後醍醐天皇は、生前から「朕は後醍醐だ」と名乗っていた。

これには意味があった。それは、ずっと前に醍醐天皇という方がおられて、後醍醐天皇が理想とする政治を行っていた。理想とする政治というのは「天皇親政」だ。だから後醍醐天皇は、「自分の政治も、醍醐天皇のようになりたい」と憧れていた。その憧れが、ひと

つの決断力となって、生きているうちから「朕は後醍醐だ」と名乗ったのである。この後醍醐天皇の情熱溢れる姿勢に、多くの人々が胸を打たれた。

「後醍醐天皇は自分の理想実現に凄まじい情熱を持っておられる。われわれも協力しなければならない」

という考えを、多くの公家や武士に与えた。

南北朝の争乱が五〇年も続くのは、後醍醐天皇のこの強い意志による。南朝と呼ばれる朝廷は、奈良の吉野山に本拠を置いた。わずかばかりの部下しかいない朝廷だった。にもかかわらず、数十万の軍勢をしたがえる足利幕府に対して、最後まで抵抗し得たのは、何といっても後醍醐天皇のこういう並々ならぬ意志によったのだ。

後醍醐天皇は吉野山で亡くなった。この時、右手に剣を持ち、左手にはお経を持った。そして、

「朕の玉骨は南山（吉野山のこと）の苔に埋もれても、魂はいつまでも京都の空を睨みつづけるぞ」

と遺言した。

この凄まじい執念が、その後、南朝の人々の支えになった。

アッと驚く伊達政宗の風流心

ゆとりとユーモアを演出してピンチをしのぐ

田舎者扱いされた政宗

豊臣秀吉は、非常に茶目っ気のある天下人だった。よく、部下大名のゆとりやユーモアの度合いをテストした。

小田原の北条氏を攻めた時、秀吉はいきなり城に攻めこまないで、ぐるりと城の周りをとり囲んで包囲陣をつくった。陣の中で、茶会や、香合わせなどを行った。香合わせというのは、香を焚いてその臭をかぎ、香木がなんであるかを当てるゲームだ。

秀吉は、

「香合わせには、各大名が、趣向を凝らした褒美を出せ」

と命じた。

この頃、伊達政宗はまだ秀吉に臣従したばかりで、他の大名からバカにされていた。つまり、東北の田舎者だと思われていたのである。この香合わせには、政宗はひょうたんを出した。みんなバカにした。

「東北には、ひょうたんしかないのか」

とからかった。

やがて、香合わせがはじまった。

参加者の中で、香木を当てた者は、次々と褒美を手にした。秀吉はじめ、大名たちはすべて趣向を凝らしていたので、当てた者と、褒美の品が発表されるたびに、うん、とか、さすが！　とうなった。

しかし、なかなか政宗が出したひょうたんを手にする者はなかった。みんな敬遠していたのである。

「ひょうたんなどもらっても、別に珍しくもなんともない」

と思っていたからだ。

アッとおどろく諧謔精神

しかし、だんだん褒美が少なくなって、ある参加者がついに伊達政宗のひょうたんをもらった。渋い顔をした。みんなが、からかうような目を向けたからだ。

すると、政宗は部下になにか命じた。うなずいた部下は外へ去った。やがて、見事な金の鞍を置いた白い名馬のたずなを引いてやって来た。

政宗は、自分のひょうたんを手にした参加者にいった。

「あの白馬を、金の鞍ごとさしあげます」

みんなびっくりした。ひょうたんを手にした者は目を見張った。

「あの馬をくださるというのですか？」

「そうです」

政宗はにっこり笑ってうなずいた。そしてこういった。

「よくいうでしょう。ひょうたんからコマ（馬のこと）が出ると」

これには、みんな思わずアッと声をあげた。

秀吉が笑いながらいった。

「さすが、東北の雄といわれた政宗だ。おそらくみんな田舎者だと思ってバカにしていたのだろうが、おまえたちの方がよほど田舎者だ。これからは、政宗のゆとりと諧謔（ユーモアのこと）に学ぶがよい」

秀吉は、そう誉めて政宗に自分の刀を与えた。

実をいえば、このころの政宗は、秀吉への臣従がおそかったので、生命さえ危なかった。それをかれは卑屈な方法でなく、持ち前の風流心によって危機を突破したのである。

部下の戦意を引き出した織田信長の決断力

相乗効果のパワーで今川軍を粉砕

足利尊氏が、ファジーな時代における〝複数選択〟をするトップリーダーだとすれば、織田信長は、目配りはしながらも、〝単数選択〟をする決断の人だ。

しかし、この決断というのは、単に資質的にできる能力ではない。それまで、考えに考えたあげく、一つの選択肢を選ぶということだ。そこに至るまでには、やはり相当地獄の思いをする。

織田信長の「桶狭間の合戦」に赴く時の決断は有名だ。この時、かれは公称四万五〇〇〇（実質でも二万五〇〇〇）といわれる今川軍を相手にしなければならなかった。対する織田信長の軍勢はわずか三〇〇〇である。十倍近い敵に押し寄せられては、到底勝ち目はない。だから、かれの部下は上から下まで「籠城討死」を主張した。ところが信長は、これを退けた。かれは会議を閉じると、自分の部屋で寝てしまった。

ところが未明になると、突然跳ね起きて、有名な〝あつもり〟の舞を三度舞った。そして、お茶漬けを掻き込むとすぐ「オレに続け！」と叫んで、一散に馬を走らせた。すぐ後を追えたのは何人もいない。

それが走っているうちに、一〇〇人になり二〇〇人になり、やがて一〇〇〇人になり二〇〇〇人になった。この戦いの勝敗はあまりにも有名なので書かない。

ここで大切なのは、織田信長の決断力だ。この決断には意味がある。それは、考えに考え抜いてそこに到達した決断ではなく、いってみれば〝見切り発車〟をしたということだ。見切り発車をするということは、そのテーマについての判断を中止するということである。別ないい方をすれば〝判断凍結〟だ。

後の予測が立っているわけでも、自信があるわけでもない。凍結したまま行動に出てしまう。しかし、だからといって信長はただ当てずっぽうに飛び出したわけではない。かれはこういうことをしていた。

それは、「敵にこっちの皮を切らせて敵の肉を切る」あるいは「敵にこっちの肉を切らせて敵の骨を切る」ということだ。今川軍の進み方は意外に速く、特にこの頃今川義元の人質になっていた徳川家康（その頃は松平元康）が、滅法強く、織田方の砦を次々と落としていた。信長は唇を嚙んだ。しかし、かれは逆に考えた。

（味方の被害が、逆に味方の結束力を強め、戦意を煽る）

と。だから、かれは今川軍に向かっていく時に、わざわざこっち側の砦が炎上している中を通過した。部下たちは、みんな悔しがった。討死した仲間たちの死を悼みながら、「必ずこの敵は取ってやるぞ！」と叫んだ。

これが織田軍の戦意を一斉に高めた。したがって、この時の織田軍はわずか三〇〇〇だが、その三〇〇〇人がこもごも相乗効果を起こした。

相乗効果を起こすということは、人間がかけ算を行ったということである。一人が十ずつの力を持っていても、百人足してもそれは千だ。しかしこれをかけ算にすれば、十×十は百になる。それにまたかけ算をすれば、何万、何億になる。

信長は、そういう悲壮な決断をしつつ、自分の部下たちの能力が一斉にかけ算をするように仕向けたのである。そしてそのためには自分が真っ先に、もっとも危険な戦場に飛び込んでいったのだ。

住友の派閥抗争を収めた伊庭貞剛の離れ業

現場の世論にしたがって恩人を切る

維新政府を見限った大塩平八郎の信奉者

今はそれほどではないかもしれないが、昔のこどもは、いわゆるエラい人を自分の目標に据え、

「あの人のようになりたい」と考えたものだ。

「大きくなったらどんな人になりたい？」

ときけば、大抵、

「誰々のようになりたい」

という具体的人物を指標として心の中に持っていた。

浅野総一郎が、

「おれは銭屋五兵衛のような大商人になりたい」

とねがっていたのもその例だ。

住友の大番頭広瀬宰平の甥に、伊庭貞剛という人物がいた。やはり住友を支えた大幹部だ。この伊庭がずっと尊敬していたのが大塩平八郎である。

「窮民のために、大塩は一介の町与力でありながら敢然と幕府に反抗した」という、その反抗の姿勢に若い時から胸を熱くしていた。だから、その幕府を倒した維新政府に絶大な期待を持ち、かれ自身もその一翼を担おうと政府の司法界に入った。

生まれは近江国（滋賀県）で、伊庭家は古く、かれは二十五代目にあたるという。母が広瀬宰平の姉だった。京都御所警衛隊員を皮切りに、弾正省巡察属、司法省警部、検事、判事、函館裁判所、大阪上等裁判所等を歴任した。まだ三十二歳だったが、司法界では、「気骨人」として重きをなした。

が、かれ自身はいつの頃からか政府を見限った。

「窮民のためにつくす烈々たる維新の初心がまったく消え失せている。官吏は惰眠をむさぼっている」というのが絶望の理由だった。

明治十二年一月、かれは上下から慰留されるのを振りきって辞職した。このことをきいて広瀬宰平が伊庭を呼んだ。

「せっかくの官をなぜ辞めた?」

「これこれの理由で」

「ふむ」

宰平は伊庭を凝視した。やがて、

「それほどの気骨人を使いこなせないとは、政府も狭量だな。そこへいくと実業界の天地は広い。住友に入れ」

と誘った。伊庭は首をふった。

「いえ、田舎にひっこんで閑雲野鶴を相手にくらします」

「ばかめ、その若さで隠居とは何ごとだ!」

どなりつけるようにして、宰平は伊庭を強引に住友に入れた。

「大塩平八郎の遺志を住友で実現しろ」といった。

そこまでいわれては伊庭もことわれない。ついに意を決して住友に入った。給料は今までの半分以下になった。これは今と逆である。本店支配人を経て、やがて別子銅山の総支配人を命ぜられた。明治二十七年のことである。

「叔父を選ぶか、友を選ぶか」二者択一を迫られる

住友に入ってからまもなく、伊庭は叔父の広瀬宰平の評判があまりよくないことを知った。叔父はその性格もあって、かなりの独裁者として見られていた。だから中には、

「一体、住友の広瀬なのか、それとも広瀬の住友なのか」

とまでいう者もいた。

「広瀬は最近公私混同ぶりが目立つ」

と、具体的な例をあげる者もいた。

「住友の浄化、広瀬追放」の運動が具体的に起こった。その先頭に立っていたのが理事の大島洪清である。かれは蔭でゴソゴソいわずに、真っ向から広瀬に嚙みつきつづけた。両者の熱い戦いは住友を二分するまでになった。

そして困ったことができた。それは伊庭貞剛が、反広瀬宰平の先頭に立っている大島洪清と、僚友として仲がよかったことである。

「叔父を選ぶか、友を選ぶか」

という二者択一をかれは本社内でも迫られていたが、別子銅山では、それをもっとギリギリのところで迫られた。というのは、別子銅山はそれこそ広瀬宰平が手塩にかけて育てたものであり、現在の支配人の久保は宰平の姻戚だった。

そして、大島は副支配人として別子に赴任していたが、久保＝広瀬ラインの私曲を摘発してここでも広瀬の独裁の非を鳴らし、

「住友人事は広瀬の思うままだ」

と叫んでいた。が、その叫びが一向にきき入れられないので、大島はついに同じ志の部下と共に手をたずさえて辞職してしまった。そして野にあって広瀬派攻撃に専念した。会社を辞めたのだからもう怖いものは何もない。攻撃は今までにも増して激しいものになった。それをモロに受けとめていたのが久保現支配人だった。

伊庭はそこへ乗りこむ。しかし、当然かれは広瀬派と見られていた。広瀬の甥であり、そのコネで若い時から異常な出世をしたと思われていた。こんどの人事も、

「別子での広瀬派の補強のために送り込まれてきた」

と受けとめられた。

歓迎会の夜、会場には銀の燭台がズラリと並んでいた。酒がまわってひとりの職員が伊

庭の前にきた。伊庭が盃をさし出すと首をふって受けない。

「あんたの盃は受けたくない」という。

そしてこんなことをいった。

「山の宴会は本社とは違う。いつ、この燭台がとび交うかわからない。まあ、覚悟しておいたほうがいいぜ」

オドシであった。

翌日から伊庭は坑内に入った。歩きまわると、敵意ある視線が次々ととんできた。歩くたびに、

「あの野郎は、誰と誰をクビにするか目星をつけて歩いていやがるンだ！」

とひそひそ話が起こった。が、伊庭はそんなことはしなかった。しばらくたって、かれは広瀬宰平のところにいった。ある決断をしていた。

「どうだ山の空気は？」

「まだ不穏です。が、当然でしょう」

「いつまで人事をひき延ばしているのだ？　早く反対派を更迭しろ」

「叔父さん」伊庭は向き直った。

「久保さんを更迭します」

「なに!?」

広瀬は目を剝いた。

「久保を!? おまえは一体何を考えているんだ？ 大島のいいなりになろうっていうのか？」

「大島のいいなりになるのではありません。山の世論です。坑内にみなぎる坑夫たちの気持ちです。ここ数カ月、坑内を歩きまわって私はそういう空気をしみじみと感じたのです」

「山の世論？ フッ何をバカなことを！」

広瀬はセセラ笑った。が、伊庭はもっと重大なことをいった。

「久保さんの更迭だけではありません。叔父さんも引退してください」

「なんだと!?」

こんどこそ広瀬は呆れて声を失った。

大人事異動は行われなかった。久保支配人は自分から退職した。異動はそれだけだった。いや、そして広瀬宰平が引退声明を出した。伊庭の決断は「とても人間とは思えない離れ技だ」といわれた。山は完全に平静をとり戻した。

3章

本物か偽物か、人を見抜く目

主人をクビにした青年木下藤吉郎

部下にも主人を選ぶ権利がある

先輩たちの妬みをかってぬれぎぬをきせられる

豊臣秀吉が天下を取った後、部下にこんなことを語っている。

「主人はもちろん部下を選ぶ権利がある。しかし部下にも主人を選ぶ権利があるのだ。主人もそのへんを心得なければいけない」

そしてその例として、自分の若い頃の経験を語った。秀吉は少年の頃日吉丸といってい た。母親が再婚した継父と仲が悪かったので家を出た。駿河を目指した。かれは尾張に生まれたが、その頃東海一の名将といわれていたのが、駿府（静岡市）の今川義元である。義元は商人も保護していたので城下町が非常に繁盛していた。が、少年秀吉はそこへいきつく前に曳馬《ひくま》（浜松市）で、松下嘉兵衛という武士に出会った。松下嘉兵衛は今川義元の武将である。その頃の少年秀吉はサルのような顔をしていた。しかしなかなか機敏で才覚がある。嘉兵衛は、「おれの家来になれ」といって、自分の屋敷に連れていった。

秀吉は木下藤吉郎と名乗った。何でもできる。嘉兵衛はやがて藤吉郎を会計係に任命した。ところがこれが古くから嘉兵衛の家にいる部下たちを怒らせた。

「新参の木下に、ご主人は会計などという大切な役目を仰せつけられた。あのポストは、われわれの誰もがやりたがっている仕事だ。本来なら、木下の方が遠慮して、それは先輩の仕事ですからといって辞退すべきだ。それをしゃあしゃあとして引き受けるとは、あいつもいい心臓だ」

みんなでそう噂しあった。勢い、藤吉郎はみんなから憎まれた。

この憎悪と嫉妬と羨望の念が先輩たちに一つの行動を起こさせた。それは藤吉郎が預かっていた金庫から金を盗んで、これを藤吉郎の責任だとして訴え出たことである。主人の嘉兵衛は弱った。嘉兵衛にすれば、確かに新参の木下藤吉郎はキビキビとして仕事の運びも早く、今までこの家に仕えてきた先輩たちよりもはるかに能力がある。そこを愛して嘉兵衛は藤吉郎を会計係に任命した。

ところがそのことが裏目に出て、逆に家の中に混乱を引き起こした。

(どうするか)

嘉兵衛は頭を抱えた。考え抜いたかれは藤吉郎を呼んだ。

こんなリーダーには絶対なりたくない

「何でしょうか?」

いつものように愛嬌たっぷりの笑顔でやってきた藤吉郎に、嘉兵衛は、

「退職金をたくさん出すから辞めてもらえないだろうか」

と切り出した。藤吉郎は変な顔をした。

「なぜ、わたくしが辞めなければならないのですか?」

「金庫から金がなくなったことは知っているだろう?」

「知っています。申し訳ありません。しかし、あれはわたくしが盗んだのではありません。盗まれた金は必ず探し出します」

「いや、金は探さなくてもいい。それよりも頼むから、この家を去ってもらえまいか」

「理由をお話しください」

「おまえがいると、この家の混乱が収まらない」

「？」

「おまえは有能だ。だからこそ会計係に任命した。しかし、おまえができすぎるのでかえってそれが混乱を招いたようだ。私が間違っていた。頼む。辞めてほしい。その代わり、十分に退職金を出す」

この話をきいて、木下藤吉郎は世にも情けなさそうな顔をした。やがて怒り出した。そしてかれはこういった。

「辞めましょう」

「辞めてくれるか」

松下嘉兵衛は思わず喜びの色を浮かべた。が、その顔を木下藤吉郎はジッとにらみつけた。こういった。

「辞めるといっても、あなたが私を辞めさせるのではありません。私があなたをクビにするのです」

「え？」

唐突ないい方に嘉兵衛は眉を寄せた。

「それはどういうことだ?」

「このまま私が家を去ったのでは、やはり木下は金を盗んだので恥ずかしくていられなくなり辞めたのだ、といつまでも噂されるでしょう。それは困ります。私の将来に関わりを持つからです。確かに、主人は部下を選ぶ権利があります。が、今のような戦国時代では、逆に部下が主人を選ぶ権利を持っているのです。その意味では、あなたは主人の資格を失っています。部下を信じ切れないからです。なぜ最後まで私を信じていただけないのでしょうか。それが実に情けないと思います。ですから、私はおっしゃる通りこの家を去りますが、あくまでもそれはあなたが私をクビにしたのではなく、私があなたをクビにしたのだとお思いください」

松下嘉兵衛には木下藤吉郎のいっていることがよくわからなかっただろう。唖然として去りゆく藤吉郎を見送った。

この後、木下藤吉郎は織田信長という主人を発見する。松下嘉兵衛との出会いは、木下藤吉郎にとって正しく〝反面教師〟であった。だから、藤吉郎は、

「松下嘉兵衛のようなリーダーには絶対になりたくない」

と生涯思い込んでいた。

河井継之助の才能を見抜いた山田方谷

師の教えを守り抜いて官軍を苦しめる

備中松山藩の財政建直しに成功した〝農民家老〟

ＪＲの岡山駅から米子駅（鳥取県）に向かう線を〝伯備線〟といっている。倉敷を抜け、備中高梁から三つ目に方谷《ほうこく》という駅がある。人の名前を駅名にしたものだ。方谷というのは、山田方谷のことである。幕末時に活躍した学者家老だった。このあたりは、板倉家の支配地だ。山田方谷は、幕末の藩主板倉勝静に仕えた人物だ。

方谷は備中国の農家に生まれ、藩政改革を行って、それまで赤字だった備中松山藩の財政を黒字に転換させた。この時かれがとった方法は、

①どんな山の中でも、必ず米をつくるように努力すること。

②地域が持っている資源を開発し、付加価値を加えて他国に売り出すこと。
③資源の中で、とくに鉄と銅に力を注ぐこと。
④山間部では、米の他に煙草を栽培したり炭を焼くなど、手持ちの資源に付加価値を加える努力をすること。
⑤この仕事のためには、武士もクワを握ること——などということを積極的に行った。
この幕政改革の成功に、財政難に苦しんでいた各大名家から学びにくる者が多かった。その中に越後長岡（新潟県長岡市）牧野家からやってきた河井継之助がいる。河井継之助は、戊辰戦争で世界に三艇しかなかったガットリング砲を二艇買い込み、官軍を大いに悩ませたことで有名だ。

河井継之助が山田方谷の門人になったのは、三十三歳の時である。方谷は五十五歳だった。方谷は継之助に次のようなことを教えた。
①家臣たる者は、必ず主人に対して名臣になること。
②名臣になるということは、オレがオレがという態度を捨てること。
③人間として最後まで誠を尽くすこと。
それまでどちらかといえば、河井継之助は故郷にいても「オレが、オレが」という自己

人間として
最後まで誠をつくす……
主人に対して
名臣になること
オレが
オレが
オレが

顕示欲が強かった。今でいえばパフォーマンス志向があった。が、山田方谷のところで学んでいるうちに、次第に反省するようになった。

方谷は継之助を可愛がった。自分の家に下宿もさせた。方谷の妻も、何くれとなく継之助の生活の面倒をみた。

周りの連中が、

「他国者の河井を、山田先生はなぜあんなに大切にしているのだ？」

といぶかしがった。同時に、うらやましがりもした。

オレがオレがとしゃしゃり出るな

やがて、別れの日がきた。継之助の主人牧野氏が、幕府の要職に就くことになったからである。

継之助に、

「戻ってきて、補佐をしてほしい」

という命令が下った。万延元年（一八六〇）三月のことだといわれている。方谷の家の前には、高梁川が流れている。岡山県下三大河川のひとつだ。旅をする者は、方谷の家の前の岸から船に乗って対岸に渡る。そして陸路をたどって南下していくのが普通だった。この日もそのようにした。

岸で十分別れを告げた継之助が、舟に乗って向こう岸に着いて、振り返った。驚いたことに、別れた岸に師の方谷がジッと立ちつくしていた。そして、手を振った。その姿を見ると、継之助の胸にいいようのない感動の思いがこみ上がった。継之助は思わず川岸に座り込み、正座して対岸の師に深々と頭を下げた。対岸の方谷は、

「よしなさい、立ちなさい、そして早く歩きなさい」

というような仕種を続けた。継之助は立ち上がった。しかし、何度も振り返り、振り返り対岸を見た。師の方谷は、最後の最後まで立ちつくしていた。

この日河井継之助が最初に対岸を振り返った岸に生えていたのが、〝見返りの榎〟と呼ばれる大木だ。現在も、残っている。

別れの日、方谷は継之助に自分が大切にしてきた「王陽明全集」を譲った。面白いことに、タダではなかった。方谷は金を請求してこういった。

「ケチだと思うな。わたし自身、藩の仕事でいろいろと金が必要だ。君がこの本を買ってくれると助かる。しかしそれだけではない。こういうものは、無償よりもむしろ有償の方

が、後々の活用の仕方が違ってくる。タダというのは一番よくない。そのへんは、経済の理論に明るい君だからよくわかるだろう。四両で買いたまえ」

継之助は四両の金を出して「王陽明全集」を買った。しかし、この全集は日本でも唯一のもので、また中国でさえほとんどここまで完成した全集はなかった。たいへんな買い物だった。

その後の継之助は、方谷が口癖のようにいっていた、

「誠を尽くして、名臣になること。名臣は、絶対にオレがオレがとしゃしゃり出てはいけないこと」

という助言を守りぬいた。かれの戊辰戦争時における牧野藩の選択は、

「あくまでも、譜代大名である牧野家は徳川家に忠誠を尽くす。それが筋であり、同時に牧野家の誠である」

ということであった。

時代遅れの道を選んだという向きもあるだろうが、河井継之助は、十分に日本の将来を見きわめた上で、そういう道を選んだのである。かれの脳裏には、見返りの大榎から見た、山田方谷の姿が生涯鮮明に浮かび続けていた。

人使いの名人蒲生氏郷

主人の悪口をいわない口さき男よ、さようなら

推薦した人材をなぜクビに？

蒲生氏郷は、戦国時代でも評判の人使いの名人だった。かれは、近江（滋賀県）日野の出身だったが、その後伊勢や会津にいった。そして伊勢商人や会津商人を育てたことでも有名だ。

氏郷を一番愛したのは織田信長である。信長は氏郷の才幹を愛して自分の娘の婿にした。それだけに氏郷は自分の行動にはいつも気をつけていた。

ある時、先輩の大名が、

「私の知人に玉川左右馬《たまがわさうま》という人物がいる。学問が深く世間のこともよく知っている。お

側で使っていただけるとありがたい」

と推薦した。

そこで氏郷は先輩のいうことでもあるので、快く玉川を召し抱えた。ところが、十日ばかり経つと、玉川に多額の金を与えて去らせた。

不快に思ったその大名が、氏郷のところに文句をいいにいった。

「なぜ、玉川のような優秀な人物を去らせたのですか？」

氏郷は、大名にこう答えた。

「かれは口さき男でしたから」

トップの経営判断を誤らせる巧言は害毒

「口さき男？」

大名は妙な顔をして氏郷に聞き返した。氏郷はうなずいた。

「口さき男というのは、どういうことですか？」

納得しない大名は執拗に食い下がった。

氏郷はこう語り始めた。

「玉川さんは確かに優秀な人物です。私の知らないこともたくさん教えてもらいました。同時に、人間関係も幅広く付き合っておられるようで、私もいろいろな人のいろいろな面を知ることができました。そういう意味では非常に重宝な人物であることは確かです。しかし、たったひとつ気に食わないことがありました」

「なんですか？」

「かれは、絶対に私の悪口をいわないことです。また、私の批判をする先輩後輩の話もまったくしませんでした」

「それはあなたが立派だからです。結構なことではありませんか。そんなことで玉川をクビにしたのですか？」

「私も人間です。必ず欠点があります。私はそれを他人から聞いて、自分を改めるように努めています。しかし玉川さんのように、私を批判する人間がいてもそれを耳に入れまいとするのは、私の機嫌を損じたくないからです。

いちばんいけないのは、かれは私が仲良くしている大名のことは褒め讃え、私が嫌っている大名のことは悪様《あしざま》にいうことです。これは公平ではありません。他の大名にとっては有能かもしれませんが、私にとっては逆に害毒になります。ですから、せっかくご推薦をいただきましたが多額の金を与えて、私の側から去らせました」

「……」

その大名は納得しなかった。心の中で、

（蒲生氏郷はバカだ）

と思った。玉川左右馬はその後別な大名に仕えた。しばらくの間は、

「物知りだ」

という評判が高かった。

しかしやがてその家の中で問題を起こした。オレがオレがという態度が古くからいた人たちの気分を壊した。

それだけでなく、仕えた大名への批判をまったく入れなかったので、その大名が増長した。玉川のいうこと以外聞かなくなって、家がメチャメチャに乱れた。心ある重役たちが結束して玉川を追放した。

蒲生氏郷に玉川を推薦した大名ははじめて、

（蒲生殿はしっかり玉川という人間を見抜いていたのだ）

と悟った。

4章

組織を活性化させるノウハウ

〃三本の矢〃の教訓を胆に銘じた小早川隆景

すぐ「わかりました」というな

毛利元就〃三本の矢〃の教訓に真説あり

戦国の名将といわれた毛利元就《もうりもとなり》に、有名な〃三本の矢〃の教訓がある。元就が、三人の息子を集めて、

「弓の矢は、一本だとすぐ折れる。しかし三本集まればなかなか折れない。これと同じように、お前たちも力を合わせて毛利家を守れ」

といった話だ。しかし、これには裏があって、

「元就の本心は、三男の隆景を戒めたのだ」

という説がある。元就の次男は、山陰の名族吉川家の養子になった。そして三男の隆景

は、瀬戸内海の名族だった小早川家の養子になった。小早川家は、広島に拠点を置いて、瀬戸内海の水軍の束ねをしていた。思慮深い元就は、陸と海の名族を抑えて、毛利家の安泰を図った。

ところが、三男の隆景は一番優秀な息子で、やがて本家の毛利家をしのぐ勢いになった。それを心配した元就が、

「一本の矢だけが突出すると、折られてしまう。三本力を合わせれば、なかなか折れない」

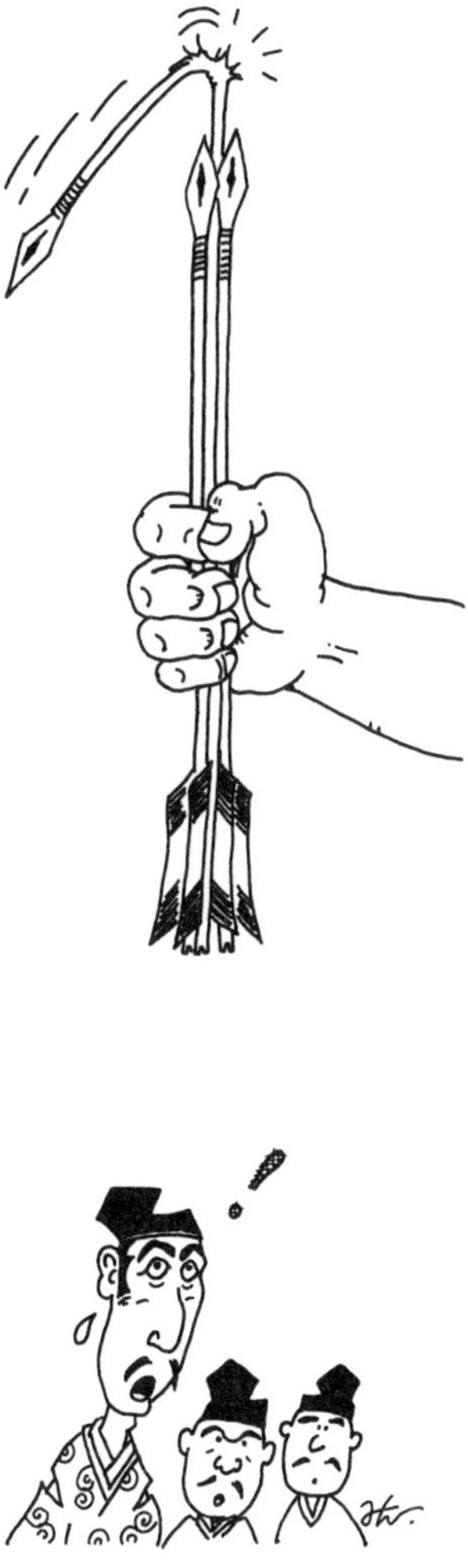

といって、小早川隆景の独断先行を戒めたというのである。

リーダーは、部下の「なぜ?」に答えよ

父元就の教訓を得た隆景は、以後、非常に思慮深い人間になった。かれは部下によくいった。

「手紙は、急ぐ時ほどゆっくり書け」

また、かれは自分ではすぐ決断できるようなことも、根気よく部下に相談した。そういう時、部下の中にもいろいろなタイプがいた。すぐ、

「わかりました」

とうなずく者もいる。そんな時、隆景は注意した。

「お前は、本当にわたしのいったことがわかっているのか?」

その部下は、自信ありげにうなずく。

「よくわかっております」

すると隆景は、首を横に振ってこういう。

「いや、お前はわかっていない。というのは、わたしが今した話は疑問だらけだからだ。

いくつも矛盾するところがある。本当にわかろうとする者なら、その疑問をわたしに問い正すはずだ。それなのに、まるごと鵜呑みにして、わかったというのは、私の話を身に染みてきいていない証拠だ」

指摘された部下は、赤くなってうつむく。隆景にすれば、父元就の三本の矢の教訓があった。それまでの隆景は、あまりにも決断が早すぎた。そのために、父を心配させた。隆景は、

（トップとしての自分が決断が早すぎると、部下がついてこられない。部下はつねに、なぜ？　という疑問を持つ。それにきちんと答えなければ、仕事は進まない。今までの自分は間違っていた）

なんでも一人でできると思うのは、間違いだと隆景は悟っていた。だから、部下に対しても、

「疑問に思うことは、遠慮なくきいて、納得してから仕事を進めてくれ」

といったのである。この後、小早川家の間では、

「すぐ、わかったという人間は、何もわかっていないのだ」

という風潮が生まれた。

管理職ポストを複数制にした徳川家康

リーダーは鵜匠になれ

管理職受難の時

現在、各企業においてはリストラクチャリングが盛んで、その中で特にターゲットになっているのが管理職だ。数が減らされたり、自宅待機させられたり、あるいは肩を叩かれたり、いろいろな策がとられている。いってみれば、管理職受難の時期だ。そのやり方については、各企業の経営方針があるから、余計な口は差し挟まない。

ただ、歴史の上で見てみると、徳川家康はこのへんをおもしろい処理の仕方をしている。

家康は、子供の頃から青年に達するまで織田家と今川家の人質で過ごした。初めて、故郷である岡崎城に戻れたのは、織田信長が、家康を人質にしていた今川義元を桶狭間に破ってからである。
岡崎に戻った家康は、
「民政をないがしろにできない」
と考えて、岡崎奉行をつくった。奉行を命ぜられたのは一人ではなく、三人いた。高力清長、本多重次、天野康景だ。この組み合わせを見て岡崎の人々はこういった。
「ホトケ高力、オニ本多、どっちつかずの天野康景」
つまり家康にすれば、
人情家である高力
厳しい本多
どっちともいえない天野
こういうキャラクターをそれぞれ〝岡崎奉行〟という一つのポストに任命したのだ。

同じポストを複数で競わせる

後に徳川幕府は、組織を整備し、いろいろなポストを設ける。家康が最初にトップマネジメントグループとして設けたのが、〝庄屋《しょうや》仕立《じたて》〟である。

つまり農村共同社会における庄屋のような存在を、徳川幕府に持ち込んだのだ。庄屋というのは、農村の代表者で、農民にとって大事な問題を代表して相談する。そして決定したことを、農民たちに実行を求める。いわば、今の議会のハシリのようなものだ。

家康はこれをそのまま徳川幕府の中に持ち込んだ。狙いは、

「合議制をとりながら、実は一人ひとりの責任もはっきりする」

ということである。

だから、徳川幕府では、毎月〝月番〟というのが設けられた。トップマネジメントグループである老中職や、あるいは現場とかかわりの深い諸奉行も、その他大目付も若年寄も、それぞれこの〝月番〟になった時に仕事をする。月番以外の時は、自分が当番の時にたまった仕事を処理する。この交替制の意味するところは大きい。それは、毎月の月番の仕事ぶりを、部下や民がジッと見守っているからだ。当然、

「今月の月番は、先月の月番より劣っている」とか、

「先月の月番に比べると、今月の月番の方が決断が早い」

などという評判が立つ。そうなると、複数の管理職たちは、勢い競争せざるを得ない。

花（権力）と実（給与）を同時に与えない

徳川家康の言葉で有名なのが例の、

「人の一生は、重い荷を担いで遠い道を行くようなものだ。急いではならない」

というものだ。またかれが部下を管理する上でいった言葉に、

「水はよく舟を浮かべ、またよく覆す」

というのがある。水は部下のことだ。舟は主人だろう。だから部下はよく主人を支えるが、時には舟をひっくり返すように裏切ることがある、油断はならないということだ。

こういう人間観を持っていた家康だから、部下に対しては絶対に花と実、すなわち権力と給与を同時に与えなかった。権力を持つ者の給与は低く抑え、給与の多い者には権力を与えなかった。これは後々まで約二六〇年間、徳川幕府が倒れるまで続く。幕府の権力の中枢にいた連中は、みんな給与の安い大名ばかりだ。だから、収賄が流行った。しかし家康はそこまで予想していたわけではない。農村共同体における〝庄屋仕立て〟を使って、

「互いに仕事の上で競争させせよう」

と考えていた。かれ自身が、ちょうど鵜飼《うかい》の鵜匠《うしょう》のようなものだ。

鵜は川に飛び込んで、自由に泳ぎ回って鮎を捕える。しかし、首に縄がついているから

逃げ去ることはできない。結局は、鵜匠のところに戻って捕えてきた鮎を吐き出す。家康の頭の中には、おそらくこの鵜匠と鵜の関係があっただろう。

管理職としての適性を知る

最初に複数管理職制をとった岡崎城下での奉行は、ホトケ高力、オニ本多、どっちつかずの天野といわれたが、この組み合わせは非常に名コンビぶりを発揮した。規則にやかましいのが天野康景だった。かれが岡崎市民に対し、

「これからはこういうことをしてはならない」

ということをたくさん書いて、高札として立てた。ところが、市民は一つも守らない。相変らず昔のままの暮らしぶりを続けていた。怒った天野が

「なぜ市民はおれのいうことをきかないのだ?」

といった。これをきいたオニ本多が、

「立てた高札を見せてくれ」

といった。天野が高札を見せると、本多は一目見ただけで、

「これではダメだ」

といった。天野が、

「なぜだ？」ときくと、本多はこう答えた。

「禁止事項が多すぎる。それに文章が漢字ばかりで市民には読めない。こうした方がいい」

そういって彼は全部カナに改めてしまった。そして掟の数も減らした。最後に、

「守らないと本多が怒るぞ」

と書き加えた。以後、市民は掟を守るようになったという。天野はおもしろくなかったが、ホトケの高力が、

「まぁ、いいじゃないか」

と中に割って入った。この三人の中で、市民が最も愛したのが実をいえばオニの本多だったという。

ということは、市民感情を本多が一番よく知っていたということだろう。家康にすれば、

「奉行を複数制にしたのは、市民のためだけではない。奉行自身も自分に奉行としての適性があるかないかを自分で知る機会になるからだ」

と思っていた。つまり、家康の得意な管理術である〝分断支配〟のスタートが、この岡崎で切られたのだった。

紀州藩を活性化した安藤直次の口ぐせ

「ちょっと座りが悪いな」

トップに直結するヒラ

この頃、仕事を急ぐあまり、間の階層を飛ばしてヒラと直結したがるトップをよく見掛ける。こういうトップは、たとえば春の新入社員を迎えた時にも、

「失敗を恐れずに、思い切って仕事をしてほしい。失敗した時も私が責任を負う」

という。

しかし、これは無理だ。というのは、組織というのはそういうものではない。組織では、やはり下からヒラ、係長、課長、部長というような責務に応じた階層がつくられている。それを全部飛ばして、社長がいきなり新入社員と直結するわけにはいかない。これは無責

任な発言といっていい。

徳川家康は、相続人以外の子供たちに、それぞれ家を立てさせた。九男には尾張家（名古屋）を、十男には紀州家（和歌山県）を、十一男には水戸家（茨城県）をそれぞれ立てさせて、これを〝御三家〟といった。それぞれの家に〝付《つけ》家《が》老《ろう》〟というのをつけた。藩主の補導役である。紀州家につけられたのが安藤直次である。

紀州家初代の藩主になった徳川頼宣は、非常にやる気があった。そのため、

「紀州様は、やがては徳川本家に謀反を起こすのではないか」

と疑われた。こういう気鋭の頼宣のことだから、ぬるま湯に浸ったような仕事ぶりが気

に食わなかった。頼宣は、まごまごしている中間管理職がいると、すぐ飛ばして、ヒラと直結した。そして、

「失敗を恐れずに思い切って仕事をしろ。中間管理職が何かいったら、俺がとっちめてやる」

そういい続けた。ヒラたちは喜んだ。反対に中間管理職たちはむくれた。間にたって、これをどう調整しようかと悩んだのが安藤直次である。

たくみな安藤流調整法

安藤直次は付家老なので、あらゆる書類が回ってくる。特に、たとえ頼宣がヒラに直接命じた計画でも、計画書は直次を通過する。直次の決裁がなければ、案は通らない。そういう時に、頼宣におだてられて鼻を高くしているヒラたちは、気負い込んで、直次のところにやって来る。そして、

「ご家老、すぐご決裁をください」

と迫る。

(自分の後には殿様が控えているのだから、ご家老あたりがぐずぐずいうな)

という色がありありと現れている。が、人間ができている直次は、こんな若僧たちに対してすぐ腹を立てるようなことはしない。かれは、十分時間をかけてじっくりと案を読む。やがてニッコリ笑ってこういう。

「おい、これは大変にいい案だが、ここのところがちょっと座りが悪いな」

「座りが悪い？」

若い武士にはわからない。怪訝《けげん》な表情で聞き返す。直次は頷く。そして、子細気に書類をひねくりまわしながら言葉を続ける。

「惜しいな。ここをちょっと直せば本当にいい案になるのだがな。おい」

そういって直次は、若い武士の顔を見返す。

「はっ？」

「おまえの上司は、こういうことにかけては得意だ。いまは昼行燈のような顔をしているが、実際には大変な経験を積んできている。席に戻ってちょっと上司に相談してみろ。必ずいい知恵を貸してくれるに違いない。そうすれば、この座りがよくなって、おそらく殿様のお気に入る案になることだろう。わが紀州藩のために、とても役立つ案だ。おもしろい」

いい案だ、おもしろい、といいながら、直次は実は遠回しに、

「おまえは、この案を直属の上司に相談してきていないだろう。もう一度戻って、上司に見せて来い。上司を飛ばして、いきなり俺のところへ持ってきたり、殿様の決裁を受けるのは間違いだ。組織というものはそういうものではない」

ということを告げているのだ。若い武士もいい案を立てるだけあって、馬鹿ではない。直次のいうことがわかった。また、直次のいうことにも一理ある。

若い武士は、

「わかりました」

といって、席に戻って直属上司に案を見せた。直属上司は喜んで、いい知恵を貸してくれた。以後、

「座りが悪いな」

というのは、和歌山城の流行り言葉になった。若い武士たちは、

「中間管理職を飛ばして、いきなり安藤さまのところにいくと、必ず座りが悪いなといわれるぞ」

といい合った。和歌山城内は活性化した。

多勢を前にした太田道灌の戦意高揚術

自分で自分を掘り起こせ

自分の中で〝異種交流〟をせよ

現在の消費者は非常に注文が難しい。自分の価値観でモノやサービスを選ぶ。選ぶ時のモノサシが本体ではなく、その本体にどんなプラスアルファが付けられているかを見抜く。このプラスアルファが何かといえば、

「他のモノやサービスにないもの」

だという。他のモノやサービスにないものというのは、「他との差異」のことだ。したがって現在の企業経営の努力目標のひとつは、この「他との差異をいかに生むか」ということになっている。そのためよくいわれるのが「異種交流」だ。これは、手っ取り早いのは

ビジネスショーである。ここに展示された品物を見て、それぞれの企業が、

「ああ、この品物にはうちにない差異があるな」

と感ずる。これによってヒントを得たり、新しい情報を得たりする。その後、集まりがあればそこでいろいろと意見を交換して、自分の企業の参考になることを仕込み、相手の企業に参考になることを与える。その意味合いでは、こういう交流が日本の企業経営を活性化し、そこでつくられるモノやサービスの質的向上を図ってゆく。


しかしこういう他との差異のあるモノやサービスを創り出すのも、所詮は人間だ。人が決め手だ。そうなると、それをつくる人間の改革も同時に行わなければならない。いや、人間の改革が行われなければ他との差異など生めないといっていい。

そこでしきりに今いわれるのが、

「仕事人間ではダメだ」

ということである。仕事だけに熱中していたのでは、結局は井の中の蛙になってしまい、広い知識を得ることも、情報を得ることも、またそれからヒントを得て新しい技術を開発することもできないということである。


そこで今企業組織では、しきりに従業員に向かって、

「何か趣味を持て。仕事人間だけではダメだ」

などと煽り立てる。このことは言葉を変えれば、企業同士が行っている〝異種交流〟を、人間の一人ひとりが自分の中で行えということだろう。仕事というのは本体だ。それにプラスアルファとしての趣味なりなんなりを持って、本体との間で交流を行い、お互いにフィードバックして、結果的には仕事に役立つような物を生産するということだ。別な言葉を使えば、

「自己改革」

である。

足軽機動隊は気持ちも足も軽くしろ

戦国初期、太田道灌《おおたどうかん》という武将がいた。江戸城をつくったことで有名だ。そのため、

「現在の東京開発の恩人は太田道灌だ」

といわれる。道灌にそれほどの実績があったのかどうかはわからないが、かれは新時代に適用するような組織改革にはかなり努力した。特に部下の意識変革に、仕事以外のものを持ち込んだ。かれが歌道の達人であり、自分もつくったが古い歌に造詣が深かったこと

はよく知られている。しかもその造詣の深い古歌を、しばしば部下の自己変革や、新しい組織をつくる時に活用した。

かれは新しく「足軽隊」という組織をつくった。資料が不足しているので、実際にはどういうものであったかわからないが、

●行動が敏速であること。
●特別な技能を持っていること。
●チームワークが優れていること。
●新しい戦力として、敵の目をそばだたしめること。

などの特性があったようだ。後年の足軽とはちょっと違う。れっきとした武士の集団で、とにかくその行動が機敏だったことで知られている。時に馬に乗り、あるいは時に足で突っ走って、敵を攪乱《かくらん》した。

足軽部隊をつくった時、道灌は、

「おまえたちは、まさに今の時代にピッタリ合った組織だ。そのためには、おまえたち自身も組織にピッタリ合うような気持ちを持たなければならない。つまり、足軽隊というのは組織のことだけをいうのではなく、おまえたちの気持ちの持ち方も足も軽くしなければ

ならない」

と告げた。気持ちも足も軽くしろといわれて、足軽隊のメンバーはニヤニヤ笑った。

(大将はおもしろいことをいう人だ)

と感じたからである。

道灌が足軽隊に求めたのは、単に行動の機敏性だけではなかった。

「なぜ、今、こんなことをするのか」

ということをよくわきまえろということである。つまり今の言葉を使えば、

「目的をはっきり把握し、自分のやっていることが、太田軍団に対してどれだけの貢献度があったのか」

ということを、一人ひとりがはっきり認識しろということだ。

古い歌にはいろいろヒントが隠れている

そのために道灌は、

「少しは古い歌のことも勉強しろ」

と告げた。

「古い歌は人間の頭を柔らかくし、いろいろなヒントを生む。思考力を助ける」

といった。しかし足軽隊のメンバーは道灌のことをバカにした。

「合戦に古い歌など必要ない。いかに敵を滅ぼすかの技術を知ることの方が大切だ」

といって、相変らず仕事一本槍の態度を取っていた。

足軽隊には道灌のいうことがよくわからなかったのである。道灌はこの隊を育てるのに、隊員の自主性を尊重した。たとえば、

「訓練は自分たちで行え。訓練には、今までの合戦経験を参考にしろ」

といった。ケーススタディ(事例)によって、勝つにはどうするかを考えろ、というのだ。

「特に負けいくさを思い出して、あの時はああすれば勝てた、という議論をしろ」

そして、

「しかし負けいくさの責任者を改めてとがめるな。今さらそんなことをしても益はない」

とつけ加えた。この訓練は道灌にしてみれば、
●これからの合戦はチームワークが必要。
●それには隊員一人ひとりの自己改革が必要。
と考えていたのである。

ある時、道灌軍は、千葉方面の敵を攻めた。海沿いに進軍していった。夜になった。真っ暗だ。何も見えない。そこで、部下が道灌に、

「海沿いに進んでいると、潮の満ち引きがわかりません。いっそ、山の中を歩いた方が安全ではないのですか？」

といった。ところが道灌は首を振った。

「大丈夫だ。潮はとっくに遠くに引いている」

部下は変な顔をしてきいた。

「あたりが真っ暗なのに、よく潮が引いたことがおわかりですね？」

「ああ、わかる。古い歌にこういうのがある。遠くなり　近くなる身の浜千鳥　なく音に潮の満ち干《ひ》をぞ知る。さっきまで近くで泣いていた浜千鳥が、今はずっと遠くにいっている。あれは潮が引いた証拠だ」

道灌の言葉をきいて部下たちは感心した。

そして、

「大将のいうのは正しい。オレたちももっと歌を勉強しよう」

と思った。

二倍の敵に向かう

こんな話もある。太田道灌が拠点にしていたのは江戸城だ。しかし城の周りには地方豪族が群がっていた。なかでも武蔵（東京都）の豊島氏は、最大の実力者だった。

余談だが、東京都も特別区名として残っているいろいろな名は、この時代の豪族の名が多い。豊島氏もそうだが、ほかにも板橋氏、渋谷氏、目黒氏、大森氏、蒲田氏、品川氏、志村氏、荒川氏、赤羽氏、滝野川氏、石神井氏などは、すべてその頃の豪族の姓だ。だから、たとえば大森と蒲田をいっしょにして「大田区」などという名に改めると、歴史が消えてしまう。地名変更の難しいところである。

太田道灌は豊島氏と仲が悪くしばしば戦った。やがて豊島氏の本拠に攻め込んでこれを滅ぼすと、豊島氏は逃れて相模（神奈川県）方面に脱出した。そして小机《こづくえ》城にこもった。徹底抗戦を続けるつもりである。

太田道灌は

「小机城を攻める」

と宣言して、足軽隊を率いて相模に向かった。情報によれば、

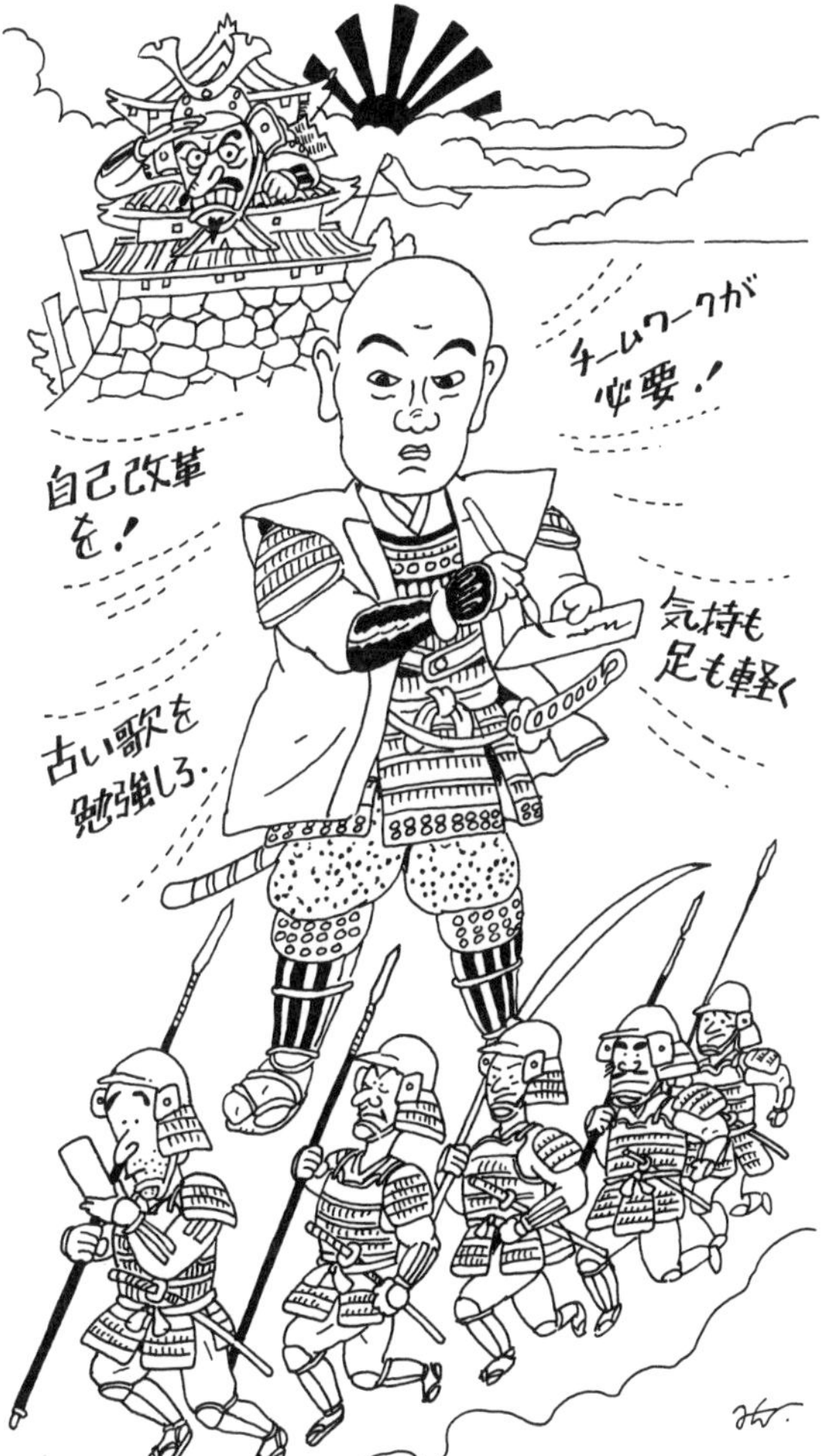
チームワークが
必要！
自己改革
を！
気持も
足も軽く
古い歌を
勉強しろ。
みわ。

「小机城にこもったのは、二〇〇〜三〇〇人の兵だ」

ということである。そこで道灌は、

「二倍近い五〇〇人ぐらいの兵を率いていけば、城を潰せるだろう」

と考えた。ところがこれが間違いだった。小机城に近づくにしたがって、斥候に出した兵が意外な報告をした。

「小机城には、一〇〇〇人近い兵が集まっております。さらに援兵が次々と入城していま す。その数がどのくらいになるか計りしれません」

という。道灌は、

「行動を共にするためには、いつも情報を共有しなければならない」

という方針を取っていた。トップ層だけが情報をひとり占めにして、部下に対して、

「おまえたちにこんなことは関係ない」

などとは決していわなかった。そんなことをしたら部下が、

「何のための仕事か、自分のやったことがどれだけ役に立ったのか」

ということがわからなくなってしまう。しかし、小机城で豊島勢がまたたくまにふくれあがっているという情報は、こっち側の兵士たちの戦意（モラール）を一挙に引き下げた。

日本最初の軍歌で戦意を盛り上げる

幕僚たちが心配して、

「一度引き返しましょう。兵力を増強してもう一度攻め直しましょう」

といった。道灌は首を振った。

「今をおいていい機会はない」

あくまでも攻撃するという。幕僚たちは顔を見合わせた。道灌は馬の上でちょっと考えたが、いきなりニコリと笑うとこういった。

「今おれは歌をつくった。この歌をみんなに歌わせろ」

「歌を？」

幕僚たちはあきれた。何もこんな時に歌などつくらなくてもいいではないかという表情がありありと浮かんだ。かまわず道灌はこういった。

「こういう歌だ」

道灌は朗々と自分のつくった即興の歌をうたい始めた。

小机は　まず手ならいのはじめにて　いろはにほへと　あとはちりぢり

きいていた幕僚たちは笑い出した。道灌の歌は、

「小さな机は、子供が手ならいのはじめに使う。子供は最初はきちんといろはにほへとと書くが、やがて飽きて後はちりぢりになってしまう。それと同じように、いくら敵兵が多くてもこっちの戦意が高ければ、必ず攻め落とせる。敵はこっちの勢いに負けて、ちりぢりに逃げ去るはずだ」

という意味である。幕僚たちによってこの歌がみんなに伝えられた。一斉に合唱が起こった。みんなは喜んだ。にわかに戦意が盛り上がった。そして、一挙に突入し小机城を落城させた。道灌はひとりでニンマリ笑った。かれはこう考えていた。

(リーダーは、部下の可能性を引き出す呼び水のようなものだ。タコの吸い出しなのだ。だから、そういう糸口をつけてやれば、部下は自分で自分を掘り起こすはずだ。また部下も自分で自分を掘り起こさなければならない。そう仕向けることが、すぐれたリーダーなのだ)

道灌は、単なる仕事人間ではない。また逆に趣味人間でもない。両者をうまく混合させたすぐれたリーダーであった。

5章

見事に成功したリストラのお手本

上杉鷹山の不況を乗り切る新発想

C・I（コーポレイト・アイデンティティー）を確立した雇われトップ

ハンディだらけの雇われ社長

　上杉鷹山は、不況に強い経営者だといわれる。かれは、十八世紀に活躍した出羽（山形県）米沢の藩主だった。しかし、もともとは日向（宮崎県）高鍋の小さな大名だった秋月家の次男坊だった。縁があって、上杉家の養子に入った。上杉家は、謙信以来の名家だ。この時の石高は一五万石だった。

　謙信の時代には、越後（新潟県）で、二〇〇万石を超える収入があった。その後、豊臣秀吉に会津に移され、ここで一二〇万石を得た。それが関ケ原合戦後、三〇万石に減らされて米沢に移された。さらに、四代目になって相続人の問題でゴタゴタし、半分の一五万石に減らされてしまった。

ところが、上杉家にはいわゆる〝名門意識〟があって、収入が減ったからといって、経営経費を切り詰めなかった。人員整理も行わない。OA化も行わない。今まで通りの慣行を守って、虚礼も保った。

そのために借金がどんどん増え、上杉鷹山が藩主になった時は手のつけられない状態になっていた。つまり、長年の放漫経営による膨大な赤字が出て、会社更生法の適用を受けても、二度と立ち上がれないほど疲れ果てていた。

これに加えて、

●藩士は全員マンネリズムに陥り、やる気がまったくなかった。

●治める地域は荒れ放題で、住民はどんどん他国へ逃亡していた。

そこへやってきた鷹山自身、多くのハンディを抱えていた。

●年が若い。

●名門の上杉家に対し、秋月家という小さな家からやってきた。

●養子藩主である。

●部下の誰もかれを知らない。かれの方も部下を知らない。

●米沢という土地に対して、何の知識もない。
一言でくくっていえば、

「実態を何も知らない雇われ社長」

が、かれの立場であった。

減量経営だけではだめだ

こういう状況の中で、なんとかして米沢藩の財政を再建しなければならない立場に立たされたかれは、考えた。

「普通のやり方では、米沢藩は再建できない」

普通のやり方というのは、いわゆる「減量経営」のことだ。節約一辺倒で経費を切り詰めるやり方だ。鷹山はこれに反対した。

「それでなくても、藩士たちは給与を半分に減らされたり、ボーナスを止められたりしている。やる気を失っている上に、そんな節約政策をとればいよいよ仕事がいやになる。とにかく、やる気を失っている藩士たちに、やる気を起こさせることが先決問題だ」

そう考えた。しかし、どうするか。

どんなに立派な改革案をつくっても、それを実行するのは人だ。人が決め手になる。したがって、その改革案を現実に実行する人々にまず〝やる気（モラール）〟がなければだめだ。

江戸で改革案をつくった上杉鷹山は、いよいよ米沢本国に入った。米沢藩領最初の宿場は板谷宿である。板谷峠の上にある。

鷹山一行が着いた時、季節はすでに冬で、周りの山々は全部雪に覆われていた。板谷宿も同じだ。

ところが、米沢藩の今までの行政が行き届かなかったので、板谷宿は潰れていた。年貢ばかりとられていいことがないので、住民が逃げてしまったのだ。鷹山たちは当惑して立ち往生した。

「仕方がない、今夜は野宿だ」

鷹山はそう告げた。

かれは駕籠に乗っていたが、たまたま目の前に灰皿があった。冷えきった灰がいっぱい入っていた。鷹山は思った。

「この国はこの灰と同じだ。冷えきっている。何を植えても育たない。結局江戸でつくった立派な改革案も、絵に描いた餅に終わるのか。つくった部下たちが可哀想だ」

そう思いながらかれは、キセルの先で灰の中を搔きまわしてみた。すると、まだ消えていない小さな炭火が出てきた。これを見ると彼の目がパッと輝いた。

一人ひとりが火ダネになろう

鷹山は発見した小さな炭火の脇に、炭箱から黒い炭をとって脇に置いた。そしてキセルを火吹き竹の代わりにしながらフーフー吹きつけた。小さな炭火から大きな黒い炭に火が移っていった。やがて黒い炭は赤々と燃えあがった。

鷹山は外に向かって、いった。

「江戸から来た者たちよ、私の周りに集まってもらいたい」

かれは駕籠から出て雪の峠に立ち上がった。そして、こういった。

「江戸にいた時、私は膨大な資料を見て、この国がひどく疲れていることを数字で知った。しかしそれは所詮紙の上で見た現状認識にすぎなかった。百聞は一見に如かずという。現実にこのひどい有り様を見て私の心は絶望の底に落ち込んだ。たまたま駕籠の中にあった灰皿の灰を見て、この国はこの灰とおなじではないのかと思った。ところがその灰の中を掻きまわしてみると、小さな炭火の残りがあった。まだ消えていない。これを基にして黒い炭に吹きつけるとこのように火がおこった。皆に頼みたい」

そういって、鷹山は雪の中に立ち尽くす部下たちを見渡した。かれはいった。

「明日米沢城に入ったら、私がこの小さな火になる。皆は私の火を受ける黒い炭になってほしい。この炭のように燃えてほしい。そしてその火を、さらに周りに移してもらえまいか。米沢城で火ダネ運動を起こそう。城内で火ダネ運動が拡がれば、その火は必ず町や村に飛び火をする。そうなれば住民も必ず我々の改革に理解と協力を示してくれるはずだ。頼む、皆がそれぞれ小さな火ダネになってくれ」

もちろんこんなことをいわれたからといって、すべての部下が感動したわけではない。

なかには、

（そんな精神教育で、赤字はなくなりませんよ）

（長年、ベースアップもしてくれない給与を早く何とかしてください）

（あなたは他国からいらっしゃった雇われ殿様だ。まあ、お手並み拝見しましょう）

と意地の悪い考え方をする者もいた。しかし感動する者もいた。感動した者は、

「その火をください。私たちは必ず火ダネ運動を起こします」

と誓った。

これが起爆剤になった。その後感動した武士たちの努力によって、火ダネ運動はどんどん拡がっていった。批判していた連中もやがて加わった。火は城を越え町や村に拡がった。

こうして米沢藩は赤字を克服した。同時に人間の心の赤字も克服した。

米沢領に住む人々は、いつも他人のことを考え、弱い人や苦しい人に対する優しさや思いやりを甦らせた。

有名な話がある。それは郊外で人がいなくても、棒杭の下に並べられた品には、それぞれ品物を求める人がキチンと代金を払っていったという。〝棒杭の商い〟と呼ばれた。これが立派な米沢藩の今でいう〝C・I（コーポレイト・アイデンティティー）〟になった。

やる気を組織する名人だった木下藤吉郎

生き残りをかけて手持ち資源を活用する

人はなぜ働き、なぜ働かないのか

日本が不況期に陥ってから、企業では一斉にリストラをはじめた。しかし、全体にこのリストラの意味を〝減量経営〟という意味に少し偏《かたよ》らせて考えている向きが多い。本来リストラというのは〝リストラクチャリング〟の略であって、リングという ING がついている。ということは何らかの進行形をいうのであって、単に「再建」とか「再構築」とかというのではない。つまり、場合によっては「拡大再生産」あるいは「新規事業興《おこ》し」という、積極性を持つ〝攻めの経営〟を意味しているのだ。が、全体にパイが小さくなっているので、なかなかそういう資金を生むことが容易ではない。いきおい、ケチケチ作戦になるので、職場が全体に元気がなくなっている。

資金が少なく、暗くなりがちな職場を盛り上げ、拡大再生産や新規事業興しをやるのには、何といっても「手持ちの資源」を活用する以外ない。その手持ちの資源の中で、最も大きなものが「人」である。

この「人」をいかに活用するかということが、不況期を乗り切る企業経営の大きなねらい目になる。が、待遇の上でもなかなか思うようにいかず、元気をつけるといってもどこへみんなを連れていけばいいのか、リーダーの役割はなかなか難しい。

人間が「なぜ働くか」といわれれば、

●自分のやっている仕事の目的をしっかりつかんでいること。

●自分のやった仕事が、所属している組織にどれだけの貢献度・寄与度があったか、自分でもよくわかること。

の二つだといわれる。つまり、この二条件を認識することによって、「仕事に対する納得」を得るのだ。同時にその納得は、「自分自身の幸福」に結びついていることが必要だ。

豊臣秀吉は若い頃、木下藤吉郎といって織田信長に仕えていた。苦労してきたので、人の気持ちをよく知っていた。また、かれ自身いつも、

「自分がやっている仕事は、織田企業にとってどういう役割を負い、どう役立っているのか」

ということを考えていた。ある時、台風で織田信長の清洲城の石垣が壊れた。戦国時代で、いつ敵が攻めてくるかわからない。そこで信長は担当奉行に、

「すぐ修理しろ」

といって、一〇〇人の部下を与えた。ところが、担当奉行がいくらしゃかりきになって催促しても、部下たちは一向に動かない。担当奉行は、自分から石垣を積んでみせて、

「石垣を修復するのにはこうやるんだ。オレが見本を示したのだから、おまえたちも真似をして早くやれ！」

とムチを振り回した。が、一〇〇人の部下たちは知らん顔をして雑談をしたり、タバコをふかしたりしてなまけていた。担当奉行は苛立った。信長のところにいって、

「部下がいうことをききません。わたくしを別な役に代えてください」

といった。信長は黙ってきいていたが、

「わかった、それでは奉行を木下藤吉郎に代えよう」

といった。こうして藤吉郎は、それまでの仕事から新しく石垣修理の担当奉行になった。

何のための石垣修理か

木下藤吉郎は、清洲城の石垣崩れを、

「織田家の周りは敵だらけだ。いつどこから敵が攻めてくるかわからない。それなのに、肝心な防壁になる石垣が壊れていたのでは、敵はすぐ城の中に攻め込める。危ない話だ」

と心配していた。しかし同時に担当奉行の仕事のやり方をみていて、藤吉郎は、

（これではまずい。部下がやる気がないのも無理はない）

と思っていた。藤吉郎の分析によれば、この担当奉行は、

●一体、何のために石垣を修理しなければならないのか、という目的をまったく示していない。

●また、石垣を修理することが、部下たちの生活にとってどういう関わりがあるのかということも話していない。

●情報も与えず説明もしないで、ただ自分だけがしゃかりきになって張り切り、オレの真似をしろといっても、部下からみればそれは仕事の押しつけであって、楽しくも何ともない。石垣を積むことに喜びを感じない。いよいよイヤ気が増すばかりだ。

何のための石垣修理か！

つまり今の言葉でいえば、今までの担当奉行は仕事の目的を告げず、同時に石垣を積むことが部下たちの生活全体に、どういう関わりを持つかという認識を与えていなかった。だから、部下たちにすれば、

「奉行が一人で張り切っているけれど、一体、かれはオレたちに何をさせようとしているのか？」

という疑問を持ち続けている。だから、モラール（やる気）は一向に上がらない。

人間のやる気を集めて組織をつくる

藤吉郎が考えるのは、

「組織というのは、ただ人を集めるだけではない。働き手一人ひとりの胸に潜んでいるやる気を引き出して、集めることなのだ」

ということだ。つまりかれの組織論は、

「人間を集めて組織をつくるのではなく、人間のやる気を集めて組織をつくるのだ」

ということである。そうしなければ、組織が生きてこない。死んだ組織になってしまう。今までの担当奉行が集めた一〇〇人の部下たちはまさしく〝死んだ組織〟だった。

藤吉郎がまず考えたのは、

「この一〇〇人の組織をいかにして活性化するか。それには、どうやって部下たちのやる気を引き出すか」

ということであった。

「それにはまず、石垣修理が部下一人ひとりの生活とどういう関わりを持つかということを説明することが必要だ」

と思った。つまり部下たちは石垣修理を、織田信長のためだと思っている。清洲城のためだと思っている。しかし、事実そうであっても、なぜ織田信長のためであり、清洲城のためなのかということは、部下一人ひとりの生活にとっても無縁ではない。たとえば、部下とその家族は、城の中で暮らしている。もし破れた石垣の間から敵が攻め込んできて、城が落ちるようなことがあれば、家族の暮らしている共同住宅も全部破壊されてしまう。それだけではない。家族も殺されてしまうかもしれない。藤吉郎の頭にひらめくものがあった。

(よし、これでいこう!)

藤吉郎の眼が輝き出した。清洲城がすぐに元に戻ったのは言うまでもない。

酒造家鳥井駒吉の不況乗り切り策

業界の閉鎖性を打ち破った経営者魂

「ものはじまり　何でも堺」

不況になると、どうしても経営が減量経営一辺倒になり、守り一方になる。内部に対しても減点主義がとられる。

「あの従業員はどんな成績を上げたか」

ということだけでなく、

「あの従業員は、どんな失敗をしたか」

ということもかなり大きく注目されるようになる。

結果として、全体に閉鎖的な空気が蔓延し、人の足を引っ張るような傾向が強まる。

これはその組織内部だけではない。他に対してもそうだ。ちょっと儲ける同業者がいれば、すぐ羨望と憎悪の目を向ける。そして、何かあらを探して、そっちの経営がうまくいかないように策を弄する場合もある。

寂しい限りだ。

こういう状況の中で、成功した自分の経営方法を他に知らせたり、あるいは、

「あなたの方も一緒にやらないか」

と呼び掛けるのは、なかなか至難の技である。よほど自分の経営に自信があるか、あるいは胸が広く厚く、いわゆる〝器量〟が大きい人物でないとできない。

鳥井駒吉という人物がいた。

堺の生まれで、幕末の嘉永三年（一八五〇年）の生まれだ。家は代々和泉屋という米穀商だった。

次男だったかれは、やがて分家して、文久元年（一八六一年）から、酒造業を営みはじめた。

堺というのは面白い町で、

「もののはじまり　何でも堺」

という歌がある。

たとえば、奈良から通じた竹内街道を国道一号線と見立てて、

「日本の国道のはじまりだ」

という。さらに堺で初めてつくられたり、あるいは発足したものに次のようなものを挙げている。

頼母子講(無尽)、金魚の養殖、鉄砲の製造、傘の製造販売、線香の製造販売、三味線の製造販売、更紗の製造販売、銀座の設置、緞通の製造販売、私設灯台の設置、自転車の製造販売、スコップ・ショベルの製造販売、セルロイド工場の設置、民間航空の設置などである。

伏流水を守るために初めて結束した酒造家たち

酒造業というのはなかなかに難しい。現在でも秘密の多い製造分野だ。もともとが、バイオ(細菌)の発酵作用によってできる飲料だから、人間の力、さらに科学の力の及ばない分野でもある。現在でも、日本有数のある酒造家は、

「うまい酒がなぜつくられるか、そのプロセスのすべては把握できない。もともと酒は、

失敗の積み重ねによる偶発的な現象からつくられてきた」

といい切る人もいる。

古代の日本の酒は赤かった。それがやがて白濁したにごり酒（どぶろく）に変わった。さらに透明な清酒に変わった。しかし、この変化を、

「なぜ、そうなったのか」

と追及しても、科学的にはなかなか解明できないそうだ。いろいろな実験をしているうちに、素材の混合を誤ったり、火加減を誤ったり、あるいは圧力の具合を誤ったりする。すると今まで想像もできなかったような現象が起こる。この現象が積み重なって現在の酒に至ったのだという。

そういう状況だから、それぞれ特色のある酒造家は自分のところでの酒のつくり方を公開しない。

特に杜氏《とじ》については、いろいろな地域出身の杜氏を独占して、酒造機関は、ほとんどそのつくり方の秘密が他に漏れないように努力する。

現在では、たとえそうであっても多くの業者が手を携えて、いわゆる〝共業化〟を図り、共存共栄に努めているが、昔はなかなかそうはいかなかった。

京都伏見の酒造業者たちも、手をつなぐきっかけになったのは、

「琵琶湖から流れてくるきれいな水を守り抜こう」

というのがきっかけだったという。伏見というのはもともと〝伏水〟からついた名だという。琵琶湖から流れてきた伏流水を酒の素材にしている。

明治年間に、伏見連隊がつくられた。脇を、ある民間鉄道が通過することになった。この時、

「鉄道を高架にするか、地下にするか」

ということが大問題になった。伏見連隊に代表される陸軍側では、

「電車が高架を走ると軍の秘密が全部見られてしまう。地下を通せ」

と頑張った。

ところが地下を通すとなると、せっかく琵琶湖から流れてきた美しいうまい水が台無しになってしまう。そこでまず、

「伏見の水を守ろう」

ということで結束したのが、伏見の酒造家たちだった。規模の大小は問わなかった。この伝統は現在も続いている。伏見の酒には、大量生産によって多量の酒を提供する酒造家

と、伝統的な銘酒を少量生産する酒造家とがある。

普通なら、対立し、あるいはそっぽを向き合うのだが、そんなことはない。手をつなぎ合っている。

それは明治年間のこの、

「伏見の伏流水を涸《か》らせてはならない」

という市民運動がきっかけになったからだ。

秘密の壁を破ろう

鳥井駒吉は、酒造業を興した後に、酒造業界の秘密主義と閉鎖性に目を向けた。

「こんなことでは、何か興った時にお互いに頼りにならない」

と考えた。

頼りにならないというのは、酒の造り方のことをいうのではなく、災害に襲われた時にも支え合うようなヒューマニズムが一向に生まれてこないと考えたのだ。

実際をいえばかれは、

「酒の造り方もお互いに秘密だ秘密だといわないで、いいところを公開し合って、それぞれ造っている酒の質の向上を図るべきだ。何よりも、酒を愛してくれる客を大事に考えなければだめだ」

と思っていた。が、いきなりそんなことをいえば、

「後発なものだから、伝統ある先輩の酒造りを盗んで、自分の利益を上げるつもりだろう」

といわれる。彼は考えた。

「そういわれないためには、古い新しいを問わず、酒造業者全体の益になるようなことを考える必要がある」

そこでかれが考えたのが、

「酒造家が火災に襲われると、再起不能になる。もしそういう災害に遭った時にも、すぐ再建できるような互助組合をつくろう」

ということだった。

彼は明治二十五年に火災救済同盟というのを組織し、明治三十年にはさらにこれを発展させて、酒造火災保険会社を設立した。彼が副社長になった。

もちろん、そこまでいくのに大変だった。前に書いたようにそれでなくても秘密主義を守り、他の足を引っ張って自己の利益を守り抜こうという気風がみなぎっていたから、

「お互いにお互いを助け合おう」

などということは、とんでもない考えだった。しかし駒吉は諦めなかった。かれは情熱を傾け、誠意を尽くして一人ひとりの反対者を説得した。

現在、不況に陥った後、経済界ではしきりに〝リストラ〟という言葉が横行している。「再建・再構築」と訳されている。そういう意味も確かにあろう。が、これは何も今に始まった言葉ではなくかなり前からあった。以前使われていた意味は、

「自分の経営理念や経営方法に反対する対立者を、根気よく説得して、理解者・協力者に巻き込むことだ」

という手法だと捉えられてきた。

鳥井駒吉はこの〝リストラ〟を実行したのである。

同業者間にヒューマニズムを

火災の時に互助救済組織をつくった彼は、いよいよ酒のつくり方そのものの共業化に乗り出した。

彼は同業者に働きかけて、
●酒の原米を共同購入する。
●原米の精米作業を共同会社を起こして行う。
●醸造も共同して行う。
という提案をした。

火災時の互助救済組織実現で一応の地ならしは済んだ。つまりリストラのきっかけをつくった。

組合員の中にも駒吉の誠意を認めた人間もいる。

「かれに私心はないよ」

「たしかに私欲はない。みんなの利益を考えている」

そういう声が起こった。

そのため新しいこの説得は案外スムーズにいった。

明治十九年に精米会社ができた。明治二十年に共同醸造所ができた。初めのうちはその成功を危ぶんだ業者たちも、スタートしてみると経費が大幅に節減されたので喜んだ。

「鳥井さんは嘘をつかない。信用できる」

という声が起こった。

「彼は心から酒造業者全体の利益を考えている」

という評判が確立された。

彼は、堺の酒造界でこうして共業化を進めていったが、目的は堺だけにあるわけではなかった。

「日本の酒造界、世界の酒造界にもこういうヒューマニズムを広げたい」

と考えていた。

その頃の日本酒はほとんどが樽詰めで、小売りは枡で計り売りをしていた。しかし、これはロスが多い。そこで駒吉は、

「酒をビン詰めにして売り出したい」

といい出した。が、こんどはみんなが反対した。

「日本酒の微妙な味は樽で培われる」

「ガラスのビンは酒の味を殺す」

とこもごも反対した。

駒吉は考えた。そして結論にしたのは、

「外国でまずビン詰めの日本酒を評価させよう」

ということだった。

その見本に、たまたまスペインで行われた万国博覧会（明治二十一年）に、自分のところで造っている酒のビン詰めを出品した。評判になった。こうして考えを国際的に立証した彼は、その造り方を全部同業者に公開した。今まで秘密が多く、何でも公開を拒んだこの世界で、自分が生み出した新しい技術も惜し気もなく他業者に伝えるかれの態度に、周囲もしだいに考えを変えていった。

その後のかれは、灘にも進出した。ビール醸造にも乗り出した。また阪堺鉄道の創立も計画した。金融機関にも進出した。

一貫して彼の姿勢は、

「不況乗り切りのためには、仲間が結束しなければダメだ。それには、自分が開発した技術も惜し気もなく仲間に教え、それによってお互いに質的向上を遂げていくことが大切なのだ。われわれは、一介の経営者ではない。日本の経営者であり、世界の経営者なのだ」

というものだった。その志が周囲に対して大きな影響を与えたのである。

6章

乱世の人材育成法

足利尊氏の不思議な人心掌握術

地方武士の心をつかんだ人間の器量

地方武士はなぜ尊氏に従ったのか

南朝軍に京都から追いたてられて、ほとんど再起不能だといわれるほどの損害を受けた足利尊氏は、半年も経たないうちに、再び大軍を率いて京都に攻め上ってきた。なぜ、尊氏にこんな力が湧いたのだろうか？

たしかに足利尊氏は、地方武士のニーズをきちんとつかみ、それを実現しようと努力した。口コミで、尊氏の人気は高かった。が、だからといって尊氏と実際に会ったり、話をしたりしたのはごく一部だ。にもかかわらず、尊氏はそれだけの軍勢を集めた。やはり秘密がある。それが、いわゆる〝リーダーの人心掌握力〟というものだろう。

しかし、この人心掌握力というのは単なる技術ではない。そのリーダーの人間の底からほとばしってくるものだ。いうにいえないいわば気流のようなものである。

今、リーダーに必要な条件は、「先見力・情報力・決断力・行動力・体力」などといわれる。しかし、いってみればこれはモノやサービスにおける本体である。現在の客は非常に価値観が多様化していて、注文も難しいから本体だけでは通用しない。それにどれだけの付加価値がついているかで選ぶ。リーダーに対しても同じだ。

「このリーダーにはどれだけの付加価値があるか？」

という見方をする。

人を引きつける付加価値を豊かに持っていた

人間における付加価値とはなんだろうか。いってみればその人らしさであり、魅力であり、人望でもある。丸めていえば〝器量〟だ。これがないと、人はついてこない。足利尊氏には、この器量が豊かにあった。かれのいいところは、決して強がりをいわなかったことである。いつも自分の弱点を平気でさらけだした。京都の清水寺に、かれが捧げた有名な願文がある。いまの言葉に直すと、

「一日も早く、この世を去ってあの世にいきたいと思います。しかし、この世に生きている間は、一切の苦しみや悲しみを全部わたしにお与えください。この世におけるよろこびや幸せは、全部弟の直義《ただよし》にお与えください。が、どうか一日も早くわたしをあの世にお導きください」

というものだ。

あれほど武士としての頂点を極めながらも、かれはこの世を〝憂き世〟と見ていた。その辛さを正直に仏に告白したのである。しかし、これは公開した願文なので、多くの人が知っていた。

「尊氏殿はやさしい人だ」

みんなそう思った。もう一つかれのいいところは、朝廷から褒美を貰っても決して自分で使わなかったことだ。全部部下にバラまいてしまう。これもかれの人気を高めた。

そして、一番肝心なことは、かれが、「下々の苦労」をよく知っていたことである。具体的には地方武士が、何を求め、何を悩んでいるかをきちんとつかんでいた。地方武士は、足利尊氏にとってはあるいは部下というよりも、同じ時代を生き抜く同志であったのかもしれない。

ヒラ社員を奮起させた加藤清正の部下採用法

誰が見ても優秀な若者を採らない理由

面接試験の最終選考に残った三人

　加藤清正は、いまでも熊本県にいくと結構人気がある。部下の扱いが非常に公平で人情深かったという。ある時、清正の名声を慕って、たくさんの人間が使ってもらおうと押しかけてきた。面接試験が行われた。最終選考に、老人と中年者と若者が残った。清正も面接に加わった。最終選考に残った三人に、それぞれ、

「なぜ、加藤家に仕えたいのか？」

　ときいた。老人は、

「今まで自分が経験してきたことを、加藤家の方々に茶飲み話として語らせていただきた

いから」

と答えた。中年者は、

「今まで仕えていた大名家では、もう出世する見込みがなくなったので、加藤家でもう一度手柄を立てて立身したいからです」

と答えた。

若者は、さわやかに自分の抱負や経験を話した。だれが見ても、三人のうち若者がいちばん優秀だった。三人を控室に下がらせると、清正を中心に重役たちは協議した。

結果的に若手のやる気を引き出す

重役たちは全員が、

「若者を採用することにしましょう」

といった。清正は首を振った。みんな変な顔をした。

「なぜですか？」

ときいた。清正は、

「オレは、老人と中年者を採用したい」

といった。重役たちは、抗議した。

「納得できません。老人は、茶飲み話をするために加藤家に仕えたいといいました。また、中年者は出世したいために加藤家に仕えたいといいました。そこへいくと、あの若者は聡明で、明るく、非常に優秀です。うちの若い者たちの模範になるでしょう」

清正は首を振った。かれはいった。

「老人は謙虚にあんなことをいっているが、実はかなりの名のある武士だと思う。おそらく、だんだんいぶし銀のような経験話が、次々出てくるに違いない。中年者が過去を捨てて新しい気持ちで立身したいというのは、若者にも負けないやる気を持っているということだ。次第に太平になれてきた加藤家の中年者にもいい刺激になるはずだ。

若者をオレが採りたくないというのは、優秀な若者を、優秀だ優秀だといって、今うちにいる若者たちに突きつければ、うちの若者たちが反発する。なんだ、オレたちは優秀ではないのか、トップの人々はそういう目で見ていたのか、とひがむ。

そうなると、おそらく新しく採用する若者に対しても、決していい感じはもたない。場合によっては意地悪をするだろう。そうなれば、せっかく採用してもあの若者もいたたまれなくなる。それなら、もっと今うちにいる若者たちの能力が伸びるように、職場環境を整えてやって、思い切った仕事をするように仕向けたほうがいい。これが、オレがあの若者を採用しない理由だ」

重役たちはおそれいった。このことが洩れた。老人と中年者はたしかに優秀だった。その後の加藤家のために大いに役立った。同時に、若者たちが奮起した。

「清正さまは、そこまでオレたちのことを考えてくださったのだ。頑張ろう」

若い連中のモラールが一斉に上がった。

武田信玄が期待する中間管理職の役割

目的を理解させて仕事をさせろ

頭から押さえつけては部下は動かない

武田軍団の足軽大将に、多田久蔵という男がいた。始終、大将の信玄のところにやってきては、

「私の部下は、馬鹿者揃いでひとつもあなたのお気持ちがわからない。まったく鍛えようがなくて、嫌になっております」

とこぼした。信玄は人使いの名人だったから、

「では、おまえのリーダーシップぶりをとくと見学させてもらおう」

といって、多田久蔵の隊にいった。久蔵のリーダーシップぶりを見ていると、すぐ怒鳴

る、殴る、蹴る。実に乱暴な鍛え方だ。

信玄は、胸の中で、(これは駄目だ)と思った。それに、部下がマゴマゴしたり、ためらったりすると、久蔵はすぐ口を出し、手を出す。

「まだそんなことをやっているのか。この間教えたことをもう忘れたのか？　それは、こういうふうにやるのだ」

といって、部下がやりかけた仕事を奪ってしまう。そのため、部下は多田に恐怖心を持っておびえ、近寄ろうとしない。皆怖がっていた。

信玄は、じっくりと見た後、多田を連れて自分の部屋に戻った。そしていった。

「多田よ、あれでは駄目だ」

「何がでございますか？」

「おまえのやり方だ。部下たちは、何か仕事を与えれば、まず、何のためにこんなことをやらなければいけないのか、という疑問を持つ。その疑問に、おまえはまったく答えていない」

「そんなことをきくのは部下として生意気です。信玄さまがお命じになったことに黙ってしたがえばいいのです。私は足軽大将として、あなたがお命じになったことを伝えるのが役目だと思っています」

「違う」

信玄は首を振った。そして、静かに説得した。

「おまえたち中間管理職の役割は、トップの命じた仕事の意味と目的を伝えることだ。おまえの部下は、全部なぜ？　という疑問を持っている。それに対して、おまえは怒鳴りつけたり殴ったりする。あれでは、部下は目的を理解しないだけでなく、仕事が嫌になってしまう。そのへんをよく考えてくれ」

多田久蔵は、信玄の言葉をすぐには理解しなかった。信玄は、根気強く説明した。

「今、特に若い部下にとって必要なのは、なぜこういう仕事をするのか？　という疑問を氷解させ、納得させることだ。納得させることが、おまえたちリーダーの役割なのだ。納得がなければ、皆嫌々仕事をする。そうなれば出来上がりがよくないし、また、怪我をする場合がある。そんなことがあってはならない。頼む」

多田久蔵もやっと信玄のいうことを理解した。それからは心を入れ替えて、まず部下たちが持つ「なぜ？」という疑問に答えることに熱を注いだ。多田の隊は、際立って強くなった。

剛柔合わせた細川忠興の人育て法

三度同じ過ちを犯したら斬る

組織運営の秘訣は四角い重箱に丸いフタ

徳川秀忠は家康の子供だが、二代将軍になっていろいろ悩んだ。それは、何かにつけて先代の家康と比較されるからだ。秀忠は非常に人柄が温厚だったので、愛されはしたが、なかには悪口をいう者もいた。

「先代の家康公は大変な名君で、決断力にも優れていた。ところが二代目の秀忠さまは少しグズだ」

というような評判だ。秀忠はこれを悔しく思った。そこで、同じ二代目でも九州地方で名君の噂の高い細川忠興に目をつけた。忠興が江戸にきた時、自分の部屋に呼び込んだ。

こういった。
「あなたは、文化人細川幽斎殿のご子息でありながら、幽斎殿を越えるような高い評判をお立てになっている。今日は、そのへんの秘訣をひとつお教えいただきたい」

忠興は笑った。

「そんな秘訣はございません。精一杯つとめているだけでございます」

「いやいや、必ず何か秘訣がおありになるに違いない。まず伺いたい。あなたは、細川家という組織をどうお考えになっておいでか？」

忠興はこう答えた。

「父幽斉から教えられましたことは、組織というのは重箱のようなものだ。いろいろなものが入っている。しかし、フタをする時はピッタリした四角いフタをしてはならない。丸いフタをせよ、と」

秀忠は変な顔をした。

「四角い重箱に丸いフタをすれば、四隅が開いてしまうが？」

「その通りでございます。しかし、隙間ができたために中に入っているものが、息がつけるということでございます。ピッタリしたフタをすると、中の者たちは息苦しくなります」

「なるほど」

秀忠はうなずいた。

将棋のコマになぞらえて部下を育てる

秀忠は次にこう聞いた。

「では、部下の人づくりについてどのようなご配慮をなさっておられるか？」

「父からは、将棋のコマを育てよと教わりました。飛車のような名補佐役、角のように思い切って仕事をする幹部、金や銀のように王の周りを取り巻く忠臣、さらに桂馬や香車のように、現場で勇気を持って仕事をする者、などでございます。が、父がこれだけは忘れるな、といったことがございます」

「何ですか？」

「歩を大切にせよということでございます。父はよく申しました。歩を大事にしない王は、必ず窮地に陥ると」

「なるほど」

秀忠は目を輝かせた。いいことを聞いたと思ったからだ。最後にこう聞いた。

「それにしても、そういう温かい気持ちだけで部下が育ちますか。伺うところによれば、細川家の規律は大変厳しいということですが」

「さようでございます。今のように、将棋のコマになぞらえて部下を育ててはおりますが、一つの定めがございます。それは、二度までは同じことをいい、二度までは同じ過ちを許す。しかし三度いってもきかない場合、あるいは三度同じ過ちを犯した場合には、容赦なく斬り捨てております」

「……！」

秀忠は呆れて忠興の顔を見た。この柔和な表情をした大名の胸の底に、そんな恐ろしく激しい気持ちがあるのかと思ったからだ。しかし、秀忠は、

「本日は、本当にいいことを教えていただいた。厚くお礼を申し上げる」

と感謝した。

細川家は、文化人大名幽斉に始まって、将軍足利義昭、織田信長、豊臣秀吉、徳川家康の四代に仕えた。変わり身の早さで、

「細川幽斉は、世渡りがうまい」

といわれた。その息子忠興も、織田信長、豊臣秀吉、徳川家康の三代に仕えた。そして、数々の危機を乗り切った。かれの息子忠利は、それまでの豊前小倉（福岡県小倉市）から、肥後熊本（熊本県熊本市）に移されて、実に五四万石の大大名に出世した。細川家は現在も健在だ。しかし、藩祖にこういう厳しい、組織管理と人育てがあったのである。

土木建設会社社長豊臣秀吉の墨俣築城作戦

信長も舌を巻いた人心収攬《しゅうらん》の妙

難航をきわめる美濃攻略の橋頭堡づくり

美濃を攻略したいと願う織田信長にとって、最大の敵は洪水だった。国境を流れる木曽川の氾濫は、敵の斉藤の軍勢よりも手強かった。信長は何度か木曽川を越えて侵入しようとしたが、そのたびに木曽川が溢れて、多くの人馬が溺れ死んだ。スーパーリーダーの信長も、自然の猛威には手が出なかった。

このほかに〝侵攻拠点〟をつくる必要があると考えていた信長は臣下に「木曽川と長良川が合流する墨俣《すのまた》に城をつくれ」と命じた。初めに重臣の佐久間信盛が工事にかかったが、うまくいかなかった。すぐ柴田勝家と交替したが、柴田もお手上げだった。

墨俣は大変な湿地帯で地盤が柔らかく、また、ちょっと川の水が増えると、たちまち水びたしになってしまうのだった。イラ立った信長は隅にいる木下藤吉郎（豊臣秀吉。以下、秀吉と書く）に目をつけた。

「サル！　おまえがやれ」

「はい」

秀吉はニコニコ笑ってうなずいた。皆は、（サルのやつ、また出しゃばりおって！　先輩がふたりも失敗しているのに、やれるわけがない）と白い眼で見ていた。が、秀吉は平気な顔で、フイとその場からいなくなってしまった。

秀吉は現在の愛知県江南市方面に拠点を持つ、旧知の蜂須賀小六を訪ねた。小六には、むかし、放浪少年の頃世話になったことがあった。

「おや、珍しいな。どうした？」

秀吉は理由を話し、小六の力を借りたい、といった。小六は、

「墨俣に城をつくる!?」と、秀吉の無謀な計画に目をまるくした。秀吉は「そうです」とニコニコ笑う。秀吉には目算があった。

そこで、「あなたと同じような地域の豪族を集めてくれませんか」と持ちかけた。

「地域の豪族を？　みんなひとクセもふたクセもあって、なかなかおまえさんのいうことなどききはしないぞ。それに、生活の半分は盗賊をやっている乱暴な連中だ」

「そのほうがいいんです」

小六は秀吉が好きだった。また、将来必ず偉くなる男だと見ていた。そこで近隣から土豪を集めた。稲田、青山、河口、長江、加治田、日比野、松原などという連中がやってきた。

「小六、急に何だ？　何かうまい話か？」

小六はだまって秀吉を示した。秀吉は、ニコニコ笑いながら自己紹介し、「ちょっと墨俣までいっしょにきてください。日当は払います」といった。

何のことだかわからなかったが、土豪たちは顔を見あわせて、（いっしょにいくか？）という表情をして、墨俣に集まった。

洪水の論理を時代状況に即して説明

木曽川も長良川も、その頃は今の流れとは違っていたが、墨俣で合流していた。さらに犀川、五六川、糸貫川、天王寺川などの中小河川が全部ここに集まっていた。墨俣は、そういう河川が運んできた土砂によってできた大きな洲だった。

「ここに城をつくる!?」

土豪たちは大笑いした。秀吉も大笑いしながら、こんなことをいった。

「洪水はなぜ起こるんでしょうね?」

「川が溢れるからだ」

アタリマエのことを聞くな、といった調子でひとりが答えた。

「なぜ、川が溢れるんでしょう?」

秀吉はまたトボケてきく。

「こういうように、中小の川が大きな川に流れ込むからだ」

「織田信長さまとおなじですね?」

「なに?」

秀吉が突然妙なことをいい出したので、土豪たちはヘンな顔をした。小六はニヤニヤしている。秀吉は笑いながら、続けた。

「信長さまは大きな川、皆さんは中小の川。力を合わせれば、日本に大洪水が起こせますね?」

このヤロー、何をいい出す気だ？　と、みんなはいよいよ目をむいた。秀吉はいった。

「そして、それを逆用すれば洪水は防げる。つまり中小の川を散らせてバラバラにし、水の力を削《そ》ぐのです」

学問はなくても、生きるチエはみなぎっている土豪たちのことだ。秀吉が何をいおうとしているのかわかった。秀吉は洲の上に手を突いた。

「どうか、みなさんの知恵と力を貸してください。私は何としてもここに城をつくりたいのです」

土豪たちは顔を見合わせた。やがて、土豪のひとりがいった。

「高須（現在の岐阜県平田町・海津町）のほうに潮よけ堤というのがある。輪中と呼んでいる」

「何ですか？　それは」

「堤を川の岸だけに築くのでなく、輪のように築く。そして中は土を高く盛り上げ、家をつくり、田畑を耕す。洪水を防ぐチエだ」

秀吉は手を打った。

「それでいきましょうよ！　家の代わりに城をつくるのです」

みんなは改めて顔を見あわせた。一丁やるか、という気運が生まれていた。小六がいった。

「サル、協力してやってもいいが、ひとつ条件がある。おれたちを全員、信長さまの正式の家来にしろ」

秀吉はビックリした。今でいえば、下請業者を全部正社員にしろということだ。が、秀吉はニコリと笑ってうなずいた。

「承知しました」

しかし、小六たちは腹の中でセセラ笑っていた。

(そんなことができるわけがない。信長さまが承知するものか。そうしたら、この話もおジャンだ。また、元の半分ドロボーのくらしに戻ろう)

と小六でさえ思った。

案の条、信長は怒った。

「バカ者！　半分盗賊みたいなやつらを家来にできるか！」

「していただかなければ、城はできませんよ。かれらは地域に明るいし、また、すぐれた工事技術者ですからね」

「アルバイトで使え」

「だめです」

あくまでもガンバル秀吉に信長もついに根負けし、こういった。

「それでは、みごとに城ができたら、リーダーだけを家来にしてやろう」

「いけません。全員、家来にしてください。そうすれば、今バラバラなかれらがひとつにまとまり、やる気が高まります」

「全員というと、いったい、何人いるのだ？」

「少なく見積って一二〇〇人」

「一二〇〇人!?」

目をむいた信長は激しく首をふった。

「ダメなら、私も城をつくりません」

秀吉は退かなかった。信長はついに屈服した。

「よし、全員、家来にする。しかし、城がうまくできなかったときは……」

「私が腹を切ります」

信長のことばに、秀吉は先まわりしていった。

一匹狼たちの活力と技術を生かす工夫

信長はＰＲした。

「伊勢を攻める。そのために材木を木曽川に流す」といった。斉藤側はこれを信じた。まさか墨俣のような湿地帯に本気で城をつくるとは思わない。

土豪たちはすぐれた技術者だった。川の流れを散らし、墨俣に円型の堤をつくった。中に石で土台をつくり、その上に土を高く盛り上げて踏み固めた。今でいえば、まず護岸によって水を防ぎ、湿地にテトラポットを投げ込んで基礎を固め、その上に土を盛って埋立地を造成したということである。

そうしておいてから、城の建築を始めた。

「一夜でできた」とか「三日で完成した」とかいわれる墨俣一夜築城である。紙を貼ってスミで塗ったなどという話もあるが、そんなゴマカシの城では実戦の役には立たない。〝城〟とまではいかなくても、〝砦〟程度のものはつくったのだろう。信長は、ここを拠点に美濃を攻め落とした。

このとき秀吉は、土豪隊を率いてゲリラ戦を敢行し、稲葉山城（今の岐阜城）攻撃の尖

兵になった。かれは、ヒョウタンを一個ブラさげた馬印をかかげ、
「これから、おれの隊が手柄を立てるたびに、このヒョウタンをふやしていく」
と宣言した。
土豪たちは「面白い大将だ」と大笑いした。そして、
(この男にしたがっていけば、おれたちもエラくなれるかもしれない)
と思った。事実、この土豪の中から大名や大将になる人物が何人も出る。
さて、このケースの分析をしてみよう。
一、秀吉は、このプロジェクトに城内のホワイトカラーを使わなかった。
二、地域の事情に明るい土豪たちを採用した。
三、かれらの中にひそむ活力(バイタリティ)と、地域生活に密着した特別技術に着目した。こういう技術は城内のデスクワーカーにはないものだ、と秀吉は考えた。
四、しかし、当時のかれらはそれぞれが〝一匹狼〟で、利害のからむ話も、まとまって追求するという習慣がなかった。秀吉はこれをまとめ、「墨俣城築城のためのプロジェクト・チーム」の編成を思い立った。
五、プロジェクト・チームを編成するには、まず「気をそろえさせる」ことが必要である。

同じ目的に向かって、共同するということが大事だ。その共同は、単に仕事が面白いだけではダメだ。零細な個人企業経営に疲れていた土豪たちは、「大樹に凭《もた》れたい」という気持ちを持っていた。秀吉はこれを利用した。

六、しかも、こういう考え方をしても、「実績が先で、採用は仕事ぶりを見てから」というのがふつうだが(信長でさえ、そうだった)、秀吉はこれを「正社員が先で、仕事はあと」にした。

七、土豪たちの考えをモミほぐすのに秀吉が使ったのは、〝洪水の論理〟である。つまり、洪水の起こる理由を、自然に即して復習してみた。そして、それは単に自然現象だけでなく、〝組織の運営〟にもあてはまることを暗示した。

八、同時に〝時代の流れ〟を示した。「信長さまといっしょに、日本に大洪水を起こそう」といった。そのためには、小河川である土豪が共同して、大河の信長川に流れ込むことが大切だ、と強調した。

九、また、かれはこの時協力してくれた土豪たちを使い捨てにすることなく、その後も使い続け、優秀な者は大名にとり立てた。

秀吉は、〝土木建設会社社長〟のハシリであった。

7章

組織の存亡がかかるあとつぎ対策

板倉勝重が息子に送った祝いの品

上を見るな、下を見ろ

名京都所司代として声望を高めた父親

徳川家康は、江戸に幕府を開くと、天皇や公家の権能を制限した。「天皇や公家は、日本の古い文化を守ってほしい。政治には口を出さないでほしい」と決めた。そして、京都御所や関西方面の大名たちにニラミをきかせるために、「京都所司代」という新しいポストを設けた。最初の京都所司代に任命されたのは板倉勝重である。たいへん真面目な武士で、徳川家康は信頼していた。

京都所司代の仕事は、ただ天皇や公家を監視したり、関西方面の大名にニラミをきかせるということだけではなかった。京都市民が争って訴えたあとにも、公正な裁判もしなけ

ればならなかった。
　板倉勝重はたいへん誠実な人間で、いつも公正な裁判を行った。そのため、市民の人気がたいへん高くなった。
　勝重は裁判の時に、たとえば心のよくない人間が裁判に勝とうと思って賄賂を持ってきても、決して受けとらなかった。そのため、市民の信用はいよいよ高まった。

父のいましめに恥じ入る

　板倉勝重に、重宗という息子がいた。なかなか頭がよく、時の将軍にも愛されていた。たまたま、将軍が京都にいくことになった。将軍が京都にいくことを上洛といった。この供に重宗が選ばれた。たいへん名誉なことだった。

周りの人たちが喜んで、いろいろとお祝いの品を持ってきた。重宗は得意になった。本当は、父の板倉勝重が京都所司代の仕事を立派につとめているので、その親の光で重宗が将軍の供に選ばれたのだ。が、重宗はそれが、

(将軍さまは、私の能力を認めてお供にしてくださったのだ)

と思い込んだ。重宗は、京都にいる父からも何かお祝いの品が届くと楽しみにしていた。ところが、なかなかお祝いの品はこなかった。

待ちくたびれた重宗は、京都に催促の手紙を出した。

「父上もご存知のように、このたび将軍上洛のお供に選ばれました。たいへん名誉なので、皆さんがお祝いの品を次々と送ってくださいます。父上も何かください」

という内容だ。

やがて、父から荷物が届いた。開けてみると、粗末な竹でできた笠が入っていた。重宗には何のことかわからなかった。父のくれた品物があまりにも粗末だったからだ。そこで、古くから板倉家に仕えている老人の部下に聞いた。

「父からこういう竹の笠が届いた。意味がわかるか？」

老人の部下は笑いだした。そしてこういった。

「おそらく、将軍さまのお供をなさる時は、ずっとその笠をおかぶりなさいということでございましょう。その意味は、上を見るな、下を見ろということだと思います。上ばかり見ないで、道中で民衆のくらしの実態をよく自分の目で確かめなさい、ということでございましょう。そして、政治を行う者が何をしなければいけないかを、自分の目で見、耳で聞き、そして心で感じなさい、ということでございましょう。いや、なかなか味なものをお送りくださいましたな」

老人の部下の言葉に、重宗は反省して恥ずかしくなった。自分は思い上がっていたと思った。そして、粗末な品であっても、そういう深い意味のある品物を送ってくれた父に、

「さすがだ。私はとてもかなわない」

と思った。

父の板倉勝重は数十年、京都所司代の仕事をしたが、退任した時の後任者には、息子の重宗を推薦した。重宗がその頃は民衆のくらしに深い同情を寄せるりっぱな武士に育っていたからである。

徳川家康が行った苦心のあとつぎ対策

駿府で考えた知恵を江戸で実行しろ

息子に腹を切らせた弱小企業のツラさ

徳川家康には信康という長男がいた。デキブツだった。信康の信は織田信長からもらった名だ。康は家康の康だ。信長は徳川家康と同盟するために自分の娘を信康の妻にした。ところが、この妻は、スパイ的な役割を果たして、あることないこと父の信長に報告した。信長は娘のいうことを真に受けたわけではなかったが、信康の人物を見ていると、

(こいつは将来オレにとって危険な存在になる)

と感じた。そこで娘のいったことを真に受けたフリをして、家康に、

「信康は武田家と組んで我々に敵対しようとしている。危険だから切腹させた方がいい」

とすすめた。家康はそんなバカなことはないと否定したが、当時の力関係では圧倒的に信長の方が強い。家康はまだまだ弱小大名だった。泣く泣く信康に因果を含めて腹を切らせた。

これで徳川家康は完全に自分が期待していたあとつぎを失ってしまった。

信長が死に、その跡をついだ豊臣秀吉も死ぬと、天下は徳川家康のものになった。家康は、

「日本の平和を長く保つためには、オレの子孫が将軍職を世襲した方がいい」

と考えた。そこで征夷大将軍に任命されるとわずか二年で隠居した。そこで問題になったのは、

「だれをあとつぎにするか」

ということである。ほんとうなら信康が生きていれば何も問題はなかったのだが、信長に殺されてしまった。

(誰に将軍のポストを譲るか)

家康は考え込んだ。

後継者えらびでモメる

徳川家康は重役たちを呼んだ。

「わたしのあとつぎを誰にすればいいか、意見を出してくれ」

といった。重役会から後継者を推薦させる会合を持ったのだ。重役たちはこもごも、自分の考えをいった。

「秀康さまがよろしゅうございましょう」

と信康の弟の次男秀康を推薦する重役が多かった。一、二の重役は、

「いや、秀忠さまの方がいいでしょう」

と三男の名を上げる者もいた。反論が起こる。

「秀忠さまはおっとりしていて人柄はいいが、天下を治めるだけの器量が果たしてあるかどうか疑問だ。やはり勇気があり戦場でも手柄をたてる秀康さまの方がいい」

これに対し、

「いや、家康公は今後の日本では絶対に戦争を起こさないと宣言された。それなら平和的な秀忠さまの方がいい」

議論は果てしなかった。家康は考えた。

（秀康と秀忠はそれぞれ一長一短がある。どっちを自分のあとつぎにしても問題は残る。しかし、自分はこの日本をずっと平和にするつもりだ。そうなると、一、二の重役がいうように、戦場で手柄を立てる秀康よりも、温厚な秀忠の方がいい）

そう判断した。

凡庸なあとつぎをどう支えるか

しかし、秀忠は完全ではない。家康から見て、

「政策立案の能力が不足している」

と思えた。

「どうするか」

そこで、たとえ秀忠を自分のあとつぎにし

たとしても、家康は、

「頭と胴体・手足を別々にしよう」

と考えた。頭と胴体・手足を別々にするということは、政策立案機能と実施機能と二つに分断してしまうことである。家康は自分の考えを重役に話しはじめた。

徳川家康は駿府城（静岡市）にこもって、多彩なブレーンを集めた。学者、僧、商人、特別技能者、外国人などである。これらの連中に知恵を絞らせ、

「これからの日本の経営をどう行うか」

という案を出させた。そしてこれら多彩なブレーンが絞り出した案をそのまま、まとめて江戸城に伝えた。江戸城は跡を継いだ秀忠がきりもりしている。家康は秀忠に、

「駿府で考えた知恵を、江戸で実行しろ」

と命じた。秀忠の方にも彩り豊かなブレーンを何人も配した。

家康にすれば、秀忠は自分の後継者としてすんなり決まったわけではない。重役たちにもいろいろ意見があった。秀忠を推薦した者もいるし、しない者もいた。

「そうなると、推薦した者は有卦《うけ》に入るだろうが、しなかった者はしこりを残し、重役間の関係も気まずくなる」

そうあってはならないと家康は判断した。そこでかれは、

「頭（ブレーン・知恵）は、父のおれが受け持とう。そして実際にこれを行うボディー（身体）の方は秀忠にきりもりさせよう。それだけでなく、おれと秀忠の周りには、秀忠を推薦した者やしなかった重役たちを案配よく付属させよう」

と考えた。

行き届いた家康の分断法

今の時代に即していえば、社長だった実力者が隠居して会長になる。が、実権を全部放したわけではない。経営政策は会長が立てる。そして新しい社長に実行させる。こういうシステムだ。

が、これは単にシステムというだけでなく家康なりの息子に対する愛情があった。同時にまた、巧妙な組織管理でもあった。


跡を継いだ秀忠にいきなり経営政策を考えさせず、父親の自分の方で考え出すということは、暗に、

「秀忠よ、おまえはまだ経営政策を考え出せるだけの力がない。代わって父が考えてやる。

しかしおまえも努力して、早く自分なりの政策を考え出せるように勉強しろ」

その見本を駿府から送ってやるということだろう。

同時にまた、重役たちに対しては、

「秀忠を推薦した者もしない者も、決してしこりを残してはならない。みんなで手をつなぎ合って、徳川幕府を守っていかなければならない」

ということを、合理的に行わせたということだ。

家康の組織運営はよく〝庄屋仕立て〟といわれる。村落共同体では、庄屋たちが集まって村の運営を行う。それとおなじだ。家康は決してひとりの人間にすべての権限や責任を負わせることをしなかった。共同分担とした。今でいう、「合議制」あるいは「集団指導制」を持ち込んだのである。

秀忠は家康の気持ちをよく理解した。かれにしても、全員一致で自分があとつぎに指名されたのではないことをよく知っていた。謙虚な気持ちで駿府城からもたらされる政策を受け止めた。家康と孫の家光がひかっているので、二代目の秀忠はどこか影が薄いように思われているが決してそうではない。家康と家光をつなぐ見事な橋として、この二代目もなかなか有能なトップリーダーであった。

あとつぎ養成に失敗した武田信玄

先代が名将だとあとつぎはつらい

武田家を潰した二代目

武田信玄は戦国時代の名将といわれ、現代の名経営者、人づかいの名人にたとえられる。が、あとつぎ養成という点では、果たしてどうだったろうか。というのは武田企業は二代目の時に潰れてしまったからだ。

信玄の有名なことばである〝人は城、人は石垣、人は堀〟というのは、かれの温かい部下管理法だけでなく、〝分権と責任〟の問題でもあった。つまり、

「自分（信玄）は本拠である甲府に城はつくらない。その代わり部下の一人ひとりが城、石垣、堀になれ」

ということだ。これは、

「それぞれが社長の分身だと思え」

ということだ。これを実現するため信玄は自分の権限を大幅に幹部に委譲した。権限というのは、人事権や財政権である。信玄は高い立場で幹部を統轄した。

親の勝手な発言が二代目をだめにした

信玄はつねづね二代目の武田勝頼にこういった。

「おまえはおれが死んだあと、すぐ跡を継がないほうがいい。なぜなら周りや部下の信望がいまいちだからだ。おまえのこどもを相続人にしろ」

が、信玄が死んだあと、勝頼は自分から相続人になった。そして織田信長や徳川家康と戦い、大敗して武田家を潰した。これを見て、

「勝頼は凡将だ。不肖の息子だ」

と世間はいった。しかしそうだろうか。勝頼だけが悪くて先代の信玄には責任がなかったのだろうか。

信玄は自分がすぐれた統御力を持っていたから、幹部にかなり権限をゆだねても統轄で

きた。名声もほしいままにした。名将のレッテルをひとり占めにしてあの世に旅立った。

こうなると、残された二代目はいやでも先代と比較される。

「先代はすぐ決断したのに二代目はグズグズしている」

「先代なら決してこんなバカなことはしない」

何でも先代がモノサシになる。こうなると二代目はおもしろくなくなる。またそういう二代目をそそのかし、煽る側近が現れる。こういう連中は必ずこういう。

「あなたらしさを発揮しなさい。それには先代のやったことを全部ひっくり返すことです」

勝頼はこれに乗った。そして無謀な突出をし、長篠の合戦で敗れた。この責任の一半は父の信玄にもある。つまり、普段、

「おまえはおれの跡をすぐ継ぐな」

というういい方が、部下に、

「勝頼さまは能なしだ」

という印象を与えてしまったのである。信玄にすれば良心的な発言でも、世間の受け止め方は違う。名将信玄の失策である。

息子のために悪者になった黒田如水

父の形見のゲタとゾウリの教訓

武田の二の舞はごめんだ

武田家の失敗について、これを〝他山の石〟にしようと考えたのが黒田如水だ。黒田如水は頭が鋭すぎたために、織田信長・豊臣秀吉・徳川家康の三人の天下人に警戒された。そこで黒田家に〝異見会〟というのをつくって、可能な限り部下の意見を聞きながら自分の早すぎる決断をセーブしていこうと考えた。

が、この会のまとめ役になった息子の長政が、父とは反対に今でいえば極力民主的なトップになろうとして、どんな意見でもすべてうんうんとうなずき、時によっては、

「あの意見にしたがいましょう」

といった。如水は不安に思った。

(息子がこのままだと、黒田家は危なくなる)

と感じた。そしてこの時武田一家のことを思い出した。

つまり、名将の誉れ高かった武田信玄とその息子勝頼の関係である。武田信玄はあまりにも名将であったために、息子の勝頼は割を食った。信玄が死んだ後、何かにつけて信玄と比較された。特に、信玄に仕えてきた重役たちが、何かあるたびに勝頼を戒めた。

「信玄さまならこんなバカなことはしない」

とか、

「信玄さまだったら、こんなことはすぐ決断したでしょう」

といっていじめた。こうなると、やる気があるだけに勝頼も黙ってはいない。

「父とは全然別な経営政策をとって、自分の実力を見せてやろう」

そう気負ったために、結局は武田家を潰してしまった。

如水はこのことを身に染みて知っていた。

「今のままだと、黒田家も武田家の二の舞になる」

と思った。如水は病気になった。悪い病気だった。医者の見立てでは、あまり長くないという。如水は焦った。

（どうするか。今のままだと、長政もまた勝頼と同じように、おれと比較されてしまう）

病床で如水は、ジッと天井を見つめたまま考えぬいた。そして、あることを思い立った。

功臣をボロクソにケナす

如水は、病床から今まで世話になった重役たちの悪口をいい始めた。その重役たちは、すべて如水とは同志的結合で、今までの黒田家を盛り立て支えてきた連中である。

それを如水は、

「Aという重役はでくのぼうで、何もできない。押し出しだけは立派だから、おれはあいつをおれの代わりに葬式に赴かせている」

とか、

「Bという重役はたしかに人が良い。しかし人が良いというのは、いてもいなくてもいいということだ。どうでもいいという存在だ」

そういう憎まれ口をきいた。聞いた重役たちは怒った。はじめのうちは、如水がなぜそういうことをいい出したのかわからなかったので、怪訝《けげん》な表情をしていた。ところがいつ

までたっても如水が悪口をやめないので、しまいには集まって相談した。結果、

「如水さまを見放そう。そして、少しグズで頼りないが、二代目の長政さまを推し立てて、われわれ老骨ももう一度尻にムチを当てて頑張ろう」

と決議した。これを知って心配したのが長政だった。ある日病床にいってこのことを報告した。そして、

「少し、世話になった重役たちの悪口をお控えください。今の黒田家中は、父上に対する

心がどんどん離れ、わたくし中心になっております。わたくしにとって嬉しいことではありますが、これでは親不孝になります。せめて、お通夜の夜ひとりでも、父上をほめ称えるような弔辞が得られるように、お慎みください」

これを聞くと如水はニヤリと笑った。

「おまえのいったことは本当か？」

長政はうなずいた。如水はこういった。

「それは結構だ。おれの作戦が成功したのだ」

「ハァ？」

わけのわからない長政は、驚いて父親の顔を見返した。

泥をかぶって死に赴く父

わけを聞くと如水はこう答えた。

「おまえはおれがつくった異見会を誤解している。あの異見会では、確かに部下の率直な意見を聞いて参考にしようといったが、それはトップが持っている大切な権限まで手放すことではない。トップが持っている大切な権限というのは決定権だ。これはトップひとりのもので絶対に放すことができない。つまり、何でも決めなければいけないのはトップなのだ。だからトップのことをよく〝山の上の一本松〟だという。風当たりが強いが、どんなに激しく風に吹かれようと、一本松はしっかりと根を張って全体を支えなければならない。枝や葉を置き去りにして幹の方が倒れてしまうわけにはいかないのだ。それと同じだ。ところがこの頃のおまえを見ていると、肝心な決定権まで手放しかかっている」

「そんなことはございません」

長政は抗議した。如水は首を振った。

「いや。おまえは今年入ったばかりの若者がいった意見に対してしたがいましょう、といった。したがいましょうというのは、決定権までその若者に預けてしまったということだ。こんなバカな話はない。そんなことを続けていると、いつかみんなおまえを正しいトップとは思わなくなる。自分たちの会議ですべてが決まってしまうと誤解する。それが続くと組織はメチャクチャになる。わたしはそれが心配だった。だから、ほんとうなら世話になった重役たちの悪口などいいたくはなかった。おまえと違って、あの連中とは随分古くからの付き合いだ。なぜおれが悪口などいいたいものか。悪口をいうたびに、おれは胸の中で手を合わせていた。勘弁してくれ、息子のためなのだ、と。が、もういい。おれの作戦が成功し、世話になった同志的仲間の重役陣が、おれから気持ちが離れたと聞けば、もうわが黒田家は武田家の二の舞にはならない。悪党黒田如水でいいのだ。その分おまえの方に人望が集まったとすれば、これからの黒田家は安泰だ」

「……」

道理と愛情を込めた父親の言葉に、いつの間にか長政は言葉を失った。ただジッと涙ぐんで、父親を見つめるだけだった。

いくら考えてもわからないヘンな形見

息子の長政が自分のいったことを十分理解したとみると、如水は、

「形見をやろう」

といって、脇から包みを取り解いた。中から出したのが、今まで自分がさんざん履き古した片っぽずつのゲタとゾウリだった。長政はびっくりしてゲタとゾウリを見た。そして考え込んだ。いつまでも考え込んだ。

それを見ていた父親の如水が笑い出した。

「おまえはまたそのゲタとゾウリについて考え込んでいるのだろう?」

「はい。父上がくださった形見の品が、このゲタとゾウリでございますので、おそらく何か深い意味があろうかと存じ考えております。せめて、最後の親孝行としてこの意味を探りとうございます」

これを聞くと如水は笑っていった。

「やめなさい」

「ハァ？」

「そのゲタとゾウリには、何の意味もない。つまり、意味のないものに意味を求めるような悪い癖を、おまえはあの異見会から学んでしまったのだ。だから、この頃の異見会は、やたらに時間が長びく。また異見会に出るといえば仕事がさぼれるから、みんなが集まってくる。結局は、いくら話し合ってもいい解決策は得られない。そういうふうに異見会が堕落してしまったのだ。わたしが今おまえに求めるのは決断力だ。もし決断力が鈍ったら、このゲタとゾウリを出してみろ。そして父親が死ぬ間際に何をいったか、思い出せ。いいな？」

父親の言葉は長政の胸に染みた。長政は以後、決断力にあふれる立派なトップに変わっていった。

長子秀宗に対する伊達政宗の嫉妬

心のシコリで長男を他国の大名に

たび重なる窮地を乗りきった危機、管理の達人

明治維新前の大名の相続には、二つの方法があった。一つは、当主が隠居して生きているうちに、相続人に家督を譲ることである。もう一つは、当主が死んだ時に相続人と定められていた者が後を継ぐことだ。が、相続人が定められていないとゴタゴタが起こる。これがお家騒動と呼ばれるものである。また定められていても、重役たちが、

「相続人は、とてもこの組織を維持していくだけの力がない」

と判断した時も、お家騒動が起こる。別な人間に相続させようと工夫するからだ。

伊達政宗は、死ぬまで当主の座から退かなかった。かれは織田信長の時代から生き抜い

た戦国武将で、豊臣秀吉に仕え、徳川家康に仕え、その子秀忠に仕え、三代将軍家光の時代まで生き抜いた。寛永十三（一六三六）年五月に死んだが、この時、政宗は七十歳だった。後を継いだのは忠宗である。しかし政宗には、秀宗という長男がいた。にもかかわらず、政宗は秀宗に家を継がせなかった。ほんとうなら、ずいぶん前に秀宗に家を譲らなければいけない事件が起きていたのだが、それを政宗は乗り切った。

伊達政宗ほど、戦国武将でしばしば危機に襲われた人物はいない。そのたびに、かれは巧妙に乗り切った。今の言葉を使えば、

「危機管理」

が、非常にうまかったのである。

タッチの差で首がつながる

伊達政宗に訪れた第一の危機は、豊臣秀吉が小田原の北条氏を攻めた時だ。この時、秀吉はすでに関白太政大臣になっていて、

「天皇の命による軍を召集する。逆賊北条氏を攻めるので、全国の大名は小田原に集まるように」

と命令した。天皇の名を出してはいるが、これは秀吉が、

「おれの部下にならない大名は、全部罰するぞ。早くこい」

と、自分への忠誠心を求めた行動であった。伊達政宗は遅れた。かれは東北の雄として暴れ回っていたから、

「農民出身の秀吉などに、頭など下げるものか」

と突っ張っていた。しかし、周りに片倉十郎という心利いた重役がいて、

「一日も早く小田原にいくべきです。そうしないと伊達家が危ないと思います」

と諫言した。そこで政宗もシブシブ小田原に向かった。

ところが、小田原攻めのほとんどが終っていたので、秀吉は怒った。底倉という山の中

に政宗をとじ込めてしまった。やがて会う日になると、政宗は真白な死装束を着てやってきた。かなりはったりの利いたパフォーマンスである。しかし、その心意気に打たれた秀吉は政宗を許した。

政宗は、今さらながら秀吉の力の大きさを知り、

（片倉のいったとおりだった。危ないところだった）

と、首筋をなでた。秀吉は、自分の前にひざまずいた政宗の首を、持っていたツエで叩き、

「もう一日遅ければ、この首が飛んでいたところだ。が、よくきた」

といって、丘の上から小田原城を見下し、グルリととりまいた自分の軍の凄まじさを見せつけた。政宗は、

（おれは東北の井の中の蛙だった。やはり天下人は違う）

と改めて秀吉に忠誠を誓った。

親バカ秀吉のトバッチリを受ける

豊臣秀吉は、なかなか子供が生まれないので甥の秀次に関白太政大臣のポストを譲った。

ところが皮肉なもので、その後、秀吉に実子が生まれた。秀頼だ。秀吉は、今度は秀頼に自分の跡を継がせたくなった。そこで、秀次のアラを探した。たまたま秀次は権力の座に慣れて、少し行いが乱れていた。秀吉はこれをもっけの幸いに、秀次を罰して高野山に追い、切腹させてしまった。理由は、

「秀次に、謀反心あり」

ということであった。この時世間では、

「伊達政宗が、秀次の謀反に参加している」

という評判が立った。それでなくても前々から暴れん坊で、手をやいていた政宗だ。秀吉は、

「これを機会に、政宗のヤツも四国に追っ払ってやろう」

と考えた。そこで政宗を呼び出し、

「おまえは隠居して、長子の秀宗にポストを譲れ。秀宗の新しい領地は、四国伊予（愛媛県）とする」

と宣言した。政宗は頭を抱えた。秀次と親しかったのは事実だが、謀反心などまったくない。もう一つ政宗が気にしたのは、秀吉が長子の秀宗をかなり愛しているということだ。

秀宗の秀は、秀吉の秀の一字をもらったものである。

(秀吉公は、おれよりも息子の方を愛しているのか)

そんな疑念がわいた。

崖っぷちからの反撃

この時、政宗がとった行動はかなり危険なカケだった。かれは自分の屋敷にこもると、部下に武装させた。そして、秀吉から使いが来ると、部下たちを煽動して、武力で対抗する構えを見せさせた。使いが怒って政宗に抗議すると、政宗はこういった。

「わたしは秀吉公の仰せにしたがって、長子共々四国へまいるつもりでおりましたが、部下がなんといってもききません。部下たちは、由緒深い東北の地を捨てたくないので、どうしても四国へいけと仰せられるならば、ここで命を賭けて反対するといってきかないのです。さっきから止めているのですが、わたしもホトホト弱り果てています」

しゃあしゃあとしてそういうことをいった。使いは弱って、秀吉に報告した。たまたま秀吉の脇に徳川家康がいた。家康が取りなした。

「伊達殿の部下の気持ちには、同情すべきところがあります。いかがでしょうか？　この際、政宗をお許しになっては」

秀吉は首を横に振った。

「せっかく徳川殿がおっしゃることだから、政宗を許してやりたいがそうはいかない。あの男はしたたかで、なかなか一筋縄ではいきません。今日の部下の反抗にしても、あれは明らかに政宗のやらせです。策略が見え見えです。あの男は、一度徹底的に懲らしめる必要があります。でないと、図に乗ってまた何をするかわかりません」

「そのお気持ちはよくわかりますが、しかし今政宗を四国に追いやると、また何をするかわかりません。むしろ、懐を広くしてかれを抱いていった方が、他の大名たちを統制する上でも役に立つのではないでしょうか」

「……」

秀吉は考え込んだ。家康のいうことにも一理あるからだ。秀吉は自分の人気を気にする。

「秀吉公は、苦労人だから人の心がよくわかる、温かい人だ」

という評判が立っている。その評判を自分からぶち壊したくない。秀吉はうなずいた。

「わかりました。あなたに免じて今回は政宗を許しましょう」

「ありがとうございます」

徳川家康は、自分のことのように深々と頭を下げた。

あとつぎへの疑惑

こうして、伊達政宗は第二の危機を克服した。しかし、かれの心にはいくつかのこだわりが生まれた。一つは、豊臣秀吉に対する警戒心である。代わりに、徳川家康に対する敬愛の念が深くなった。もう一つは、息子秀宗に対する疑いだ。これが政宗にとって、その後の苦難の原因になる。

豊臣秀吉が死に、その後は徳川家康が天下人になった。伊達政宗にとって秀宗は正夫人が生んだ子ではない。側室が生んだ子だ。いわゆる庶子である。政宗の正夫人が生んだ子は忠宗といって、秀宗の弟になる。このことが始終政宗の頭にこびりついていた。正夫人はもちろん、

「嫡子である忠宗に跡を継がせてください」

と要求する。伊達家の空気もそういう風に傾いていた。そうなると、秀宗の存在が邪魔になってくる。たまたま、二代将軍徳川秀忠が、この秀宗を愛していた。そして、

「伊予（愛媛県）宇和島で、秀宗に十万石与えたいが？」

といってきた。渡りに船だった。

しかしこの時になって政宗は複雑な心境になった。たしかに秀宗が伊達家から出ていってくれれば、家の中は丸く治まる。しかし父親として惻隠の情がないわけではない。それに秀宗はどういうわけか極楽トンボで、ぼっちゃん気質が抜けない。

「あんなことで、果たして新しい国を治めることができるのだろうか？」

という心配がいつもあった。

しかし、将軍のいうことなので政宗は秀宗を伊予宇和島に送った。この時かれは、支度金として秀宗に六万両の大金を渡した。しかし、こんな大金は政宗の一存ではいかないので、重役たちは、

「一時支度金としてお立て替えするということにします。つまり秀宗さまにお貸し申し上げるということであって、いずれ返していただきます」

そういった。政宗もその方が秀宗が緊張する素材になると思って承知した。秀宗の方は甘く見ていた。

（父は私に甘い。貸付金といってもおそらく返済しなくてすむ金だ）

と高をくくった。

英傑も心のヒダは微妙

伊予宇和島は十万石あるといわれたが、実際はそうではなかった。長年の戦乱で国土は荒れ果てて農民は疲れきっていた。伊達秀宗たちはびっくりした。家老として仙台からつけられたのが山家清兵衛《やんべせいべえ》という家老である。かれは奮闘努力して、伊予宇和島の収入を増やそうとした。しかし新しく入ってきた藩主がいきなり年貢の増徴などを行えば、たちまち農民一揆が起こる。もっと悪いことが起こった。それは仙台の方から、

「必要があるので貸した六万両をすぐ返してほしい」

と要求してきたことである。秀宗はびっくりした。

山家と相談して、

「国に入ったばかりで、とてもそんな金はない。父上に頼んで、もっと先へ返済を延ばしてもらってくれ」

山家はその使いに立った。ところが伊達政宗は首を縦に振らなかった。あくまでも返せと迫る。

その政宗を見ていて、山家は、

（政宗さまは、秀宗さまが故豊臣秀吉公に愛されたので、まだそのことにこだわりを持っていらっしゃる）

と感じた。さらに今は秀忠にも可愛がられている。そうであればこの貸金は絶対に取り立てられる。

つまり、子に対する父の嫉妬めいた感情が、子の行う経営への締め付けとして表れているのだ。単なる父と子の金のやり取りではない。根が深いし、底にドロドロしたものが漂っている。山家清兵衛は憂鬱になった。

伊予に戻った山家清兵衛は、いままでよりも厳しい改革を実行する。税金を増やすことができない。結局家臣たちの給与を二分の一に減らしてしまった。これが猛反発を食って、山家は自殺する。

かれは今宇和島市で神社にまつられているが、それはかれの祟りを恐れてのことだったといわれる。

豪放磊落に見えた戦国大名伊達政宗の心理には、こういう微妙な神経があった。子に対する嫉妬が、長年のしこりとなった例である。人間というのは実に複雑なものだ。

8章

飛躍の契機となった運命的出会い

勝海舟に会って大きく生き方を変えた坂本龍馬

大いなる発想の転換で弟子になる

短い生涯に三度生き方を変えた

――つい先頃、経済の底入れ宣言があったが、依然として状況が暗い。新しい年が来たからといって、眼の前がきらめくような展望もない。だからといってすべて他のせいにして、いわゆる他力本願の気持ちだけを持ち続けていても、事は解決しない。自力で発奮することも必要だ。こういう時に一番大切なのは、

「発想の転換」

だといわれる。しかし普通の人々には、

「自分のどこを、どのように変えればいいのか」

ということは、なかなか難しい問題だ——。

幕末の動乱期に生きた坂本龍馬が、生き方を幾度か変えた話は有名だ。順にたどると、

●刀（武士という身分と武士の心得である剣術）を大切にして生きた時代。

●刀に変えて、ピストルを大切にして生きた時代。

●武器を捨てて、万国公法を大事にして生きようとした時代。

——ということになる。

最初は商人郷士であった坂本龍馬が、「こういう世の中では、武士にならなければ何もできない」と考えて、武士になろうと修行していた時代をいう。

次は、外国にいった連中から「もう刀や槍を振り回している時代ではない。外国ではこういう武器を使っている」と教えられて、貰ったピストルを振り回そうとしていた時代。

最後は、「国際的な紛争は、すべて同じテーブルについて話し合いで決めなければならない。戦争を手段にするのは遅れている」と考えた時代を指す。

龍馬は、これらの考え方を三十三年という短い生涯で実行した。そして龍馬に世界に目を向けさせるきっかけをつくったのが勝海舟である。

勝海舟を斬りにいって、そのまま弟子入り

何がなんでも武士になりたいと思っていた龍馬はその頃流行だった攘夷《じょうい》思想にかぶれていた。攘夷思想というのは、「日本に近づく外国船は全部撃ち払え」という考えだ。この時代、開国論者を倒すと一躍攘夷論者として志士の間に名が高まった。龍馬が狙ったのは勝海舟である。勝海舟はアメリカ帰りの開国論者だった。そして自分でオランダ語の塾を開き多くの門人を育てていた。

ある日、龍馬は友人と二人で勝を訪ねた。もちろん腹の中で、

(必ず、討ち取ってやる)

と考えていた。龍馬の態度で、勝は龍馬とその友人の目的を知った。だからいきなり、

「キミたち二人は、オレを斬りにきたな?」

と先手を打った。

が、恐怖の色はなく、ニコニコ笑っていた。勝は剣術の達人で、禅も学んでいる。度胸が坐っていた。殺されることなど恐れてはいない。

「殺されることを恐れたら、何も思うことはいえない」

と考えていた。

ひるんだ二人を勝は自分の部屋に案内し、地球儀を示した。そしてきいた。

「キミたち二人は、この地球上で日本がどこにあるか知っているか？」

勝は地球儀を回して、中国大陸の前面に並んでいる小さな島を示した。

「これが日本だ」

そしてこう付け加えた。

「キミたちは、この小さな島の、小さな虫のようなものだ。わたしを殺したからといって、世界は変わらないぞ」

龍馬と友人は思わず顔を見合わせた。食入るように地球儀を見つめた。勝が示した日本は、なんと小さなことか。

(こんな小さな島が、日本なのか！)

龍馬は驚いた。それだけではない。勝は、

「おまえたちは、その小さな島の中に住む小さな虫にすぎない」

といい切った。

いわれてみればその通りだ。龍馬は悟った。

(たしかに、今までの自分は日本という小さな井の中の蛙にすぎない。勝先生は、なぜも

っと大きく眼を開いて、世界の龍馬にならないのだ？　とおっしゃっているのだ）

そう考えると、一遍に力が抜けた。思わずヘタヘタと腰が抜け、その場に座り込んで平伏した。

「申し分けありません」

といった。

勝はニッコリ笑った。

「わかったようだな。さすがだ。見所がある」

けなしたり誉めたりの連続に、龍馬はまごついた。この日、龍馬は、

「ぜひ、先生の門人にお加えください」

と即座に入門した。

こういうように、自分の先入観や固定観念をある動機によって変えるということが、優れた人間の特性なのだろう。その意味では、人間と人間の出会いというのが、大きなきっかけになる。龍馬の発想の転換は、こうして行われたのである。文久二年（一八六二）晩秋のことだといわれている。

たまたま中江藤樹の存在を知った熊沢蕃山

驚きと感動を与えた美しいこころ

宿で出会った信じられないような正直者

熊沢蕃山《くまざわばんざん》という人物は、江戸初期の有名な学者だった。備前岡山（岡山県）の藩主池田光政に愛されて、そのブレーンになった。かれにこんな話がある。ある時、蕃山は京都の宿に泊まった。すると、宿に泊まった客が広い座敷に集まって、一人の飛脚の話を聞いていた。

この飛脚は、加賀藩の仕事を務める男だった。いつも、藩の大金を預かって京都に届けた。コースとして、北陸道を敦賀から山越えをして、琵琶湖畔に出た。湖の東岸から大津に出るのがお決まりだった。

ところが、この時は気持ちを変えて湖の西岸を通った。途中の河原市から榎の宿場まで馬に乗った。

「先を急ぐので」

というと、うなずいた馬子は小走りに馬の手綱を引いてくれた。ところが、馬子が帰って榎の宿に入って一軒の宿屋に泊まると、真っ青になった。藩から預かってきた大金がなくなっていたからだ。

「大変だ！　自分が重い罰を受けるのはもちろんのこと、親兄弟にまで罪が及ぶ。えらいことになった」

飛脚は夢中になって心当たりを探し回ったが、見つからない。

そこへ、昼間馬に乗せてくれた馬子が訪ねてきた。そして、金の入った包みを差し出して、

「これはお客さんのではありませんか」

ときいた。飛脚は目を輝かせて、

「わたしのだ。よく届けてくれた」

と礼をいった。馬子は、

「家に戻って馬から鞍を外す時、鞍の間にこの包みがありました。おそらくお客さんのものだろうと思ってお届けに参りました」

といった。感動した飛脚は喜んで、十五両の金を出した。礼としてとってもらいたいといった。

馬子は首を振った。

「もらえません。当たり前のことをしただけですから」

と応じた。

馬子は中江藤樹の教えを受けていた

その頃は別に、拾った金は一割が礼金になるなどという定まりはない。飛脚は礼の金額を少しずつ減らした。あまりにも飛脚の態度が熱っぽく執拗なので、馬子もついに降参した。

「では、二百文ください」

と最後には折れた。

「二百文ばかりで本当にいいのか?」

飛脚はそうきいた。馬子はうなずいた。が、その二百文の金を馬子は持って帰ったわけではなかった。宿の主人に、

「この二百文分だけお酒をください。そして、今日お泊まりになっているお客さまに振舞ってください。おそらくお客様もこの騒ぎに巻き込まれたでしょうから、わたしがもっと早く届ければよかったのに、何とも申し訳ない次第です。おさわがせしたお詫びのしるしです」

といった。

飛脚をはじめ、客たちは呆れた。しかし、馬子がなぜそんなきれいな心を持っているのか不思議に思った。酒が振舞われ、酔いが回ってくると、多少心の緩んだ飛脚がきいた。

「あんたはなぜそんな美しい心を持っているのかね？」

これに対して馬子は、

「わたしの住んでいる家の近くに小川村というところがあって、そこに中江藤樹《なかえとうじゅ》先生という偉い学者がおいでです。難しいことをやさしく私たちに教えてくださいます。特に人の道についてのご講話は、きく人の胸を打ちます。そのために、今わたしの住んでいる地域の人々で、悪いことをする人はひとりもいなくなりました。さっきのお金も、わたしのお金ではないので当然落とし主にお届けするのが義務だと思い、お邪魔した次第です」

飛脚たちは、会ったことのないその中江藤樹という学者の及ぼした影響について感動したのだった。

強引に弟子にしてもらった熊沢蕃山

この話を加賀の飛脚からきいた熊沢蕃山は、

「その藤樹先生こそ、自分が長年求めてきた師だ」

と感じた。そこですぐ飛脚からきいた小川村にいって、中江藤樹を訪ねた。

門前で、

「私を門人にお加えください」

と頼んだ。しかし藤樹は、

「わたしは弟子は一人もとりません」

と拒否した。諦めきれない蕃山は藤樹の家の前に座りこんだ。雪が降ってきた。いつまでも座りこんでいる蕃山を気の毒がって、藤樹の母が、

「お気の毒に。せめて家の中に入れておあげなさい」

と藤樹にいった。藤樹はこの母親に対しては親孝行を尽くしていた。そこで、蕃山を中に入れ、その熱意にほだされて蕃山を弟子にした。

中江藤樹の書院の跡は、現在滋賀県の安曇川《あどがわ》という地域に残っている。話に出てきた馬子は又左衛門といって、その住居の跡に碑が立っている。

藤樹書院の周囲は、今も藤樹の美しい心の伝統があるらしく、まちが非常にきれいだ。下水溝の中にさえ、台をしつらえて盆栽が置かれている。その周りを、錦鯉が何匹も泳いでいる。飛脚と馬子の出会いの美しさをそのまま伝える雰囲気だ。

馬泥棒の言葉でさらに善政をしいた北条早雲

「国泥棒が生きていて、なぜオレが死刑なんだ」

北条遺領に手こずった家康

北条早雲という戦国武将は、なかなかの名君だったようだ。早雲にはじまる後北条氏は五代続いた。最後は豊臣秀吉に滅ぼされた。滅びた北条氏に代わって、北条氏の持っていた国を治めたのが徳川家康である。

しかし、明治になってから勝海舟が残した「座談集」によると、徳川家康は北条氏のあとを治めるのが大変難しかったという。北条時代を偲んで、住民がなかなか家康になつかなかったためだ。それほど北条氏の政治は行き届いていたようだ。

それに関わりのあるエピソードとして、こんな話が残っている。

北条早雲は、一介の浪人から国を乗っ取った。そのため斉藤道三や松永久秀とともに〝戦国の梟雄《きょうゆう》〟とか〝国取り〟あるいは〝国盗人〟と呼ばれた。いずれもよくわからない前半生を送ってきていきなり国主に成り上がったから、いろいろなことがいわれたのだろう。実際にかれらの半生は謎に満ちている。

温情作戦とペテン戦術を使い分け勢力を拡大

早雲が最初攻略したのは伊豆だ。この時かれは、住民に対する温情作戦で臨んだ。かれが村を占領すると、村には病気になった老人しかいなかった。みんな恐れて山へ逃げたらしい。

老人たちはみんな流行の病にかかっていた。長い放浪生活で薬草の知識のある早雲は、付近の山から薬草を採ってきてこれを与えた。同時に、自分の部下を病人一人について二人ずつ交代で介護に当たらせた。老人たちの病気は良くなった。老人たちは感謝して山に使いを出した。

「北条早雲さまという人はこういうふうに温かい。みんな戻ってこい」

山に隠れていた村人たちは全部戻ってきて、以後早雲の温かい政治に服したという。

早雲がまず行ったのは、年貢（税）を安くすることだった。それまでの税率よりも一割も二割も引き下げた。これもまた評判になった。徳川家康がやりにくかったのは、こういう諸々の政策がしみついていたからだろう。

早雲はある程度地位を確立すると、小田原の方にも食指を伸ばした。この時の攻略の仕方はペテン戦術だ。

「こちらから追った鹿がそちらに逃げ込んだ。そっちへ入ってこっちへ追い返したい」

といって、自分の軍勢を小田原側に入れた。そして箱根の山に逃げ込んだ鹿を追うのではなく、小田原城を乗っ取ってしまった。

こういうやり方をみていて世間の人々が、

「北条早雲は国泥棒だ」

といったのである。

処刑場に向かう馬盗人を放免する

戦国時代、馬は貴重な財産だった。だから馬を盗むと必ず死刑になった。ある時、小田原城下で一人の馬泥棒が捕まった。処刑することになった。城の主人である早雲も見にいった。馬泥棒が刑場に引かれてきた。

が、その馬泥棒は自分の処刑を検分する大将が北条早雲だと知ると、首を切られる前に立ち止まった。

自分を縛った縄を引いている役人にいった。

「あそこにいるのは北条早雲さまか？」

「そうだ」

すると馬泥棒はこんなことをいった。

「国を盗んだ泥棒がのうのうとあそこに座っているのに、たかが馬一頭を盗んだオレが死刑になるというのはどういうことだ？」

罪人と役人がゴチャゴチャなにか話しているので早雲が眉を寄せた。ききにいかせた。

役人はコレコレだと話した。戻ってきた部下から報告をきくと、早雲は笑い出した。

「なるほど。あの泥棒め、うまいことをいう」

早雲はそこで役人にいった。

「その馬泥棒を放免してやれ」

馬泥棒は喜んで他国へ逃げた。そしてかれは会う人ごとに、

「北条早雲という人は、こういう立派な人だ」

と告げた。口コミで早雲の評判は高くなった。しかし早雲は増長しなかった。かれには馬泥棒がいった、

「国泥棒がのうのうと生きているのに、たかが馬一頭盗んだくらいでなぜオレが死刑にならなければならないのだ？」

という言葉が、ずっしりとこたえた。

国盗人と馬盗人との出会いであった。

以後の早雲は、いよいよ民に愛情を注ぎ、善政を行い続けた。これが子々孫々に伝わり、五代続いた。

北条氏にすれば、たとえ豊臣秀吉が天下人であろうと、

「自分たちの行っている政治の方が、はるかに上だ」

という自負の気持ちがあったに違いない。

馬泥棒の一言で、自分の行いをいよいよ正しくした早雲は、やはり一角《ひとかど》の政治家であった。

妻ノブとの出会いが伊能忠敬を学者にした

隠居後に江戸の天文学者に入門

天体を友達として家業にはげんだ前半生

伊能忠敬《いのうただたか》は江戸時代の測量学者で、日本で初めて正しい地図をつくった。しかし、こどもの頃は必ずしも幸福ではなかった。

かれは千葉県の九十九里浜の漁村に生まれた。父は近くの農村から養子に入った人物であまり働くことが好きではなかったらしい。養家先は網元だったが忠敬の生みの母が死ぬと同時に離縁された。ところが父は忠敬の兄二人は実家に連れて帰ったが、忠敬はそのまま残された。

ここから忠敬の暗い幼年時代が始まる。

この頃の忠敬が自分の唯一の友達としたのが、天体である。月や星を眺めるのが好きだった。そしてかれは、

「不動の星といわれている北極星さえ、一晩に少しずつ動いている」

ということを発見した。天体好きのかれは、算数も得意だった。やがてかれの才能を見込んだ佐原で酒造りをしていた名家の伊能家で、

「忠敬を養子にほしい」

といってきた。忠敬は伊能家の養子になった。家付きの娘はミチといったが忠敬を大事にしたという説と、

「いや、ミチは養子の忠敬をこき使った。食事も使用人と一緒に台所でさせた」

という二つの説がある。

忠敬の偉かったところは、こういうようにいろいろな苦労をしたが、それを盾に世の中に対して復讐しようなどとは絶対に思わなかったことである。忠敬は、

「自分がそういう経験をしたのなら、他人がそういう経験をしないような世の中をつくることが大切だ」

と考えていた。忠敬は家業に勤《いそ》しんだ。

後妻ノブの言葉に励まされる

四十歳過ぎると、ミチが死んだ。忠敬は四十五歳になって仙台藩の医者で桑原という人の娘ノブを後妻にもらった。しばらくたつと、ノブが忠敬にいった。

「あなたは、本当にやりたいことがあるのではありませんか?」

「わかるかね?」

「わかります」

「それはありがたい。私が本当にやりたいのは、天文学や暦学だ。こういう学問を勉強して、日本の正しい地図や正しい暦をつくりたいのだ。日本の暦は間違っている」

忠敬は長年胸の中に温めてきた思いに火をつけられて、熱っぽく語り始めた。

この頃はすでに西洋で正しい天文学が研究されていたが、日本ではそれをまだ取り入れていなかった。

大阪に、麻田という天文学者がいて、西洋の天文学を取り入れた。その弟子に高橋と間という人がいて、この二人に目をつけた幕府が浅草につくった天文台に招いた。忠敬は江戸にも支店を持っていたからこのことを知っていた。

　そこでずっと、

（早く隠居して、浅草の高橋先生や間先生に学び、日本の正しい地図や暦をつくりたい）

と考えていた。

　その志を新しい妻のノブに見抜かれたのである。ノブはいった。

「あなたは今までずっと伊能家のために努力なさいました。傾いていた伊能家の家運も立ち直りました。もうビクともしません。家のことは私がいたします。あなたは早く隠居して本当にこの世の中でやりたかったことをなさってください」

「………」

　ノブを見つめる忠敬の目に涙が浮かんだ。まぶたが熱くなった。

（この女性との出会いによって、初めて今までの苦労が報われる）

と思った。

五十歳になると忠敬は隠居した。家業は全部ノブに任せた。忠敬は江戸に出た。そして、念願の高橋先生と間先生のところに弟子入りし、改めて天文学を学び始めた。下地のあった忠敬の学力はどんどん他の弟子を抜き、高橋先生と間先生に目を見張らせた。

その頃しきりに日本近海に外国の船が現れた。特にロシアは、凍らない海を求めて南下政策をとった。そのため北海道や北方の島々では緊迫した空気が張りつめていた。国防は徳川幕府の大きな課題になった。

「しかしそのためにも、日本人がもっと北方のことを正しく知らなければならない。同時に、日本の沿岸の防衛を強くしなければならない。それには正しい地図が必要だ」

ということになった。大がかりに測量が始められた。忠敬はこの測量を担当する役人となって活躍した。かれが測量した範囲は、北海道から九州にまで及んでいる。そして、かれのつくった地図は世界的にも有名になり、万国博覧会にも出品された。

しかし忠敬がそこまでの仕事ができたのは、すべて二度目に迎えたノブという妻との出会いによってであった。

姫路城下で河合道臣を気づかう調所笑左衛門

一度も顔を合わせたことのない出会い

思い切った経営改革を成功させた二人の家老

お互いにまったく一度も顔を合わせたことのない〝出会い〟というのがある。調所《ずしょ》笑左衛門と河合道臣《かわいみちおみ》との出会いがそうだ。

調所も河合も、共に大名家の家老だった。それも、思い切った経営改革を行って、属する藩に巨額の富を残させた手腕で有名だった。調所は薩摩藩島津家の家老だった。河合は姫路藩酒井家の家老である。

調所笑左衛門は、島津家のために奄美大島の黒糖を絞り取って、かなりの富を残したが島の人々には憎まれた。また、徳川幕府と後の薩摩藩主島津斉彬《しまずなりあきら》との共同謀略によって、

密貿易の責任をとらされてついに腹を切る。この時、

「わたくしがかってに密貿易を行ったのではありません。先々代のお殿さまからきちんと命令を受けています」

などとはいわなかった。何か見つかるとすぐ人のせいにするような現在の風潮は、調所笑左衛門のとる態度ではなかった。調所は潔く死んでいった。調所が莫大な借金を抱えた薩摩藩の財政再建を行うために、積もり積もった借金を「三百年賦」という、事実上踏み倒しと同じような策をとったことはよく知られている。

しかし、借金を棚上げにしたからといって、新しく資金が得られるわけではない。仕事を行うための資金のために、調所はよく大阪の商人を訪ねた。当時は、商人が金融機関を兼ねていたからである。

まちの整備で人柄を知る

大阪への往復に、調所は必ず姫路の宿場に泊まった。そして、宿場の中や付近の風景を眺めて一人悦に入った。あたりを見回しながら、必ず、

「いい。なかなかいい。さすがだ」

とつぶやいた。供が、

「どこがそんなによろしいのでございますか？」

ときくと、調所はこう答えた。

「環境がなかなか整っているということだ。ものに例えれば環境というのは容れ物であり、人間はその中身だ。水にたとえてもいいだろう。よく水は方円にしたがうという。つまり水は柔軟な存在だから、丸い容れ物に入れられれば丸くなり、四角い容れ物に入れられれば四角くなる。しかし、もし容れ物が壊れていて、あちこち穴だらけならば、中の水も安穏ではいられない。いつ容れ物の外にこぼれ落ちるかと不安で仕方がない。まちと人間も同じだ。まちの基盤がよく整っていなければ、そこに住む人々も安心しては住めない。そこへいくとこの姫路の城下町は非常によく整っている。河合殿が健在なせいだ」

ここで初めて河合という名が出た。供はきいた。

「河合さまとおっしゃいますと？」

「河合道臣殿のことだ。この姫路藩の藩主である酒井家の家老だ」

「ご懇意でいらっしゃいますか？」

「いや、一度も会ったことはない」

これをきいて供はびっくりした。

「一度もお会いになったことがないというのに、なぜ河合さまのことがおわかりになるのですか?」

「こういう環境整備は、河合殿の得意とするところだ。噂は薩摩まで響き渡っている。さすがだ」

「……!」

一人合点のような調所の話に供は面食らった。そして調所のことを、

(おかしな人だ)

と思った。

その人の死を予感

ある年、調所はまた大阪へいく用ができて姫路に寄った。ところが調所の眉が曇った。馴染みになった宿屋の亭主がきいた。

「いかがなさいました?」

調所は亭主にきいた。

「河合殿はご健在か？」

「なぜ河合さまのことをおききになるのでございますか？」

「気になることがあるのだ」

「気になることとおっしゃいますと？」

「宿場の整備が悪い。今までとはまったく変わっている。これは河合殿に何かあった証拠だ」

　調所の言葉をきいて亭主はびっくりした。そして、

「実は……」

　といって、こう告げた。

「先日、河合さまはお亡くなりになりました」

「そうだろう。それでわかった」

「しかし、なぜ河合さまに何かあったのではないかとお思いになったのですか？」

「河合殿がご健在ならば、この姫路の宿場町をはじめ、城の近くまで整備が行き届いていて、まちが生き生きしていた。ところが、今はまち自体が死んだように静まっている。道も荒れている。これは、ご家老の河合さまのご健康が思わしくないか、あるいは万一のこ

とがあったのではないか、と感じたのだ」

「……！」

調所笑左衛門の鋭い感覚に、宿の亭主は驚いて調所を見つめ続けた。調所は亭主にこういった。

「人間の出会いは、別に顔を合わせなくても成立する。わたしはかねがね河合殿を尊敬してきた。この宿場にくると、たとえお会いしなくても、私は姫路城に向かって河合殿にご挨拶してきた。心からご冥福をお祈りする」

亭主は改めて人間の出会いについて深く考えるのだった。

歴史に学ぶ
成功の本質

著者　童門冬二
発行者　真船美保子
発行所　KKロングセラーズ
〒169-0075　東京都新宿区高田馬場2-1-2
電話　03-3204-5161(代)
http://www.kklong.co.jp

印刷・太陽印刷　製本・難波製本

ISBN978-4-8454-0986-0
Printed in Japan 2016